パリのビスコーニュのクロスステッチ

35種類のかわいい
ピンクッションデザイン

g グラフィック社

Préface
はじめに

刺しゅうする女性たちの可愛いパートナー。お裁縫箱にちょこんと佇み、ちくちくと作品が刺し進むのを見守ってくれる心強い存在。ピンクッションは、ビギナーさんもベテランさんも、刺しゅうファンなら誰もが大好きなこだわりアイテム。まん丸だったりキューブ型だったり、大きなものやミニサイズのもの、ぺったんこだったり多面形だったり……。お気に入りのピンクッションは、どことなく自分に似ていたりして。気分に合わせて、フォルムやモチーフ違いのピンクッションを楽しんで。

オーレル

Sommaire もくじ

Préface	2
はじめに	
Au fil du rouge et blanc	5
赤と白の糸で	
赤いビスコーニュ	6
白いビスコーニュ	6
アジアの糸	8
おとぎ話のクッション	10
鳥かごモチーフのビスコーニュ	10
赤いパッションのキューブ	14
15面体のビスコーニュ	16
Collection de dentelles	19
レースモチーフのビスコーニュたち	
糸の王国で	20
ブレード、リボン& co	20
バロックモチーフのビスコーニュ	26
お星さまのビスコーニュ	28
バラのクッション	31
丸型のクッション	31
パゴダ	33
お花とレースのビスコーニュ	33
チャーム風ビスコーニュ	35
Sous le signe des Années Folles	37
1920年代風のスタイルで	
アールデコなビスコーニュ	38
パールのフリンジつきクッション	42
腕時計型ピンクッション	44
レトロなアルファベットのクッション	44
手づくりのお家	46
Un instant romantique	51
ロマンティック大好き	
"バラ"のビスコーニュ	52
ミニ・ビスコーニュ	52
15面体の"ビスコフラワー"	54
2羽の鳩のクッション	56
お花のピンクッション	58
四角いピンクッション	59
Au palais des gourmandises	61
お菓子のパラダイス	
食いしん坊のビスコーニュ	62
三角のベルランゴキャンディー	66
かわいいカップケーキ	68
お菓子の分け前	70
Leçon de biscornu et points, pompon & fil retordu	75
ビスコーニュの基本とステッチ、タッセル&よりひも	
基本のビスコーニュの作り方	76
15面体の"ビスコフラワー"の作り方	78
ステッチの種類	80
タッセルとよりひもの作り方	81
Le materiël	82
材料&道具	
Dimension de la broderie et nombre de points	83
刺しゅうの出来上がりサイズと目数	
目数がわかるチャート	84
Réalisation des ouvrages	87
作品の作り方	

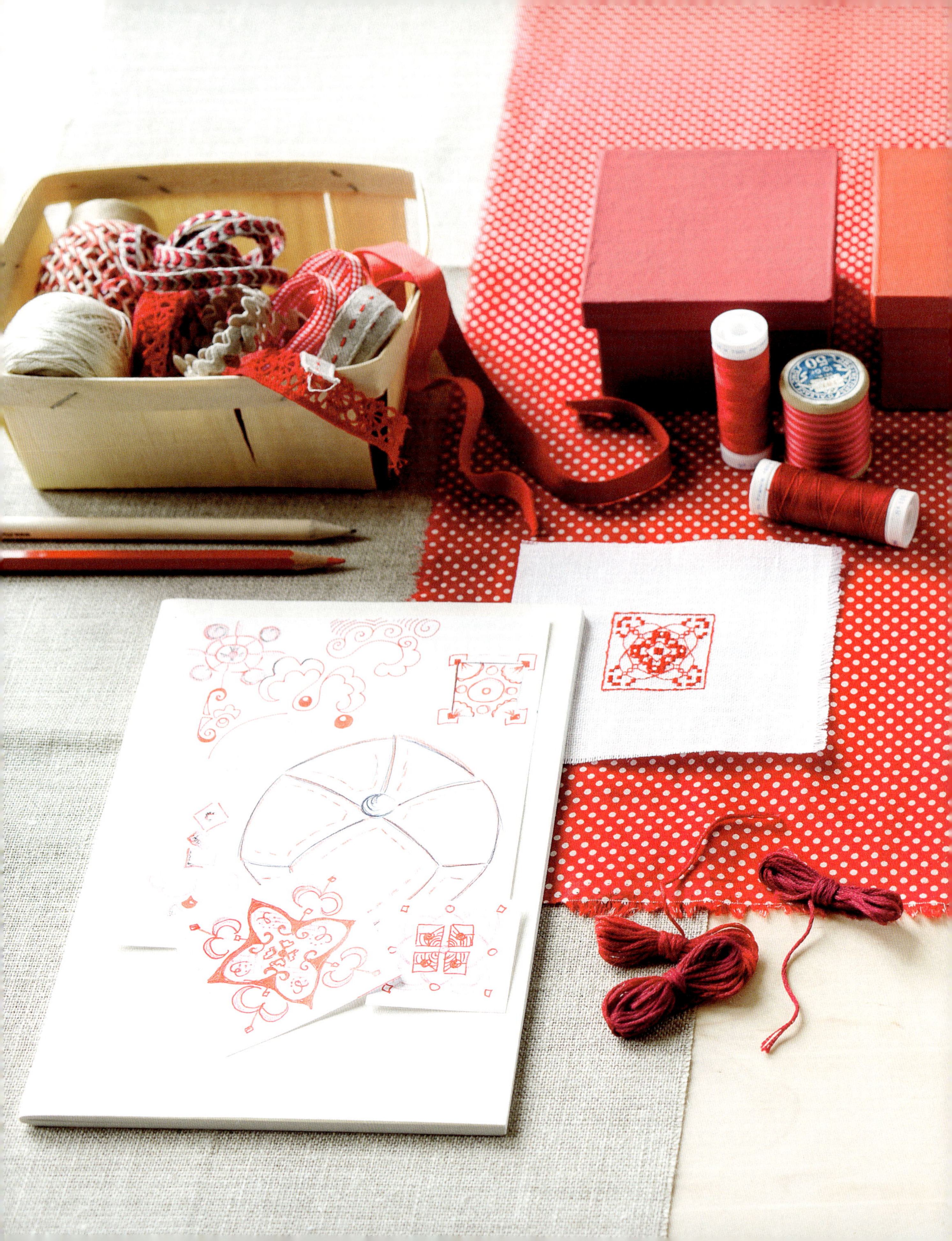

Au fil du rouge et blanc
赤と白の糸で

トラディショナルな模様はもちろん、おとぎ話のモチーフや、アジアンテイストのモチーフ……。テイストは違っても、どれも魅惑的な赤×白のモノクロームでまとめた、繊細なデザイン。生地とリボン選びにこだわって、シックなイメージに！

Monochromes モノクローム

Monochrome rouge
赤いビスコーニュ　　作品の作り方 P.88

Monochrome blanc
白いビスコーニュ　　作品の作り方 P.88

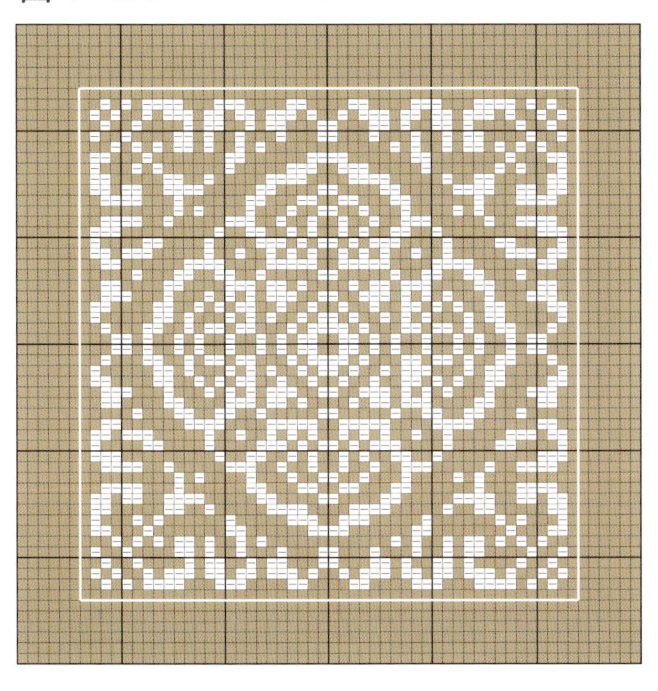

クロスステッチ2本どり		バックステッチ
Blanc (白)	817	817

Un brin d'Asie
アジアの糸　作品の作り方　P.89
タッセルの作り方　P.81

クロスステッチ2本どり　　バックステッチ

Blanc (白)　498　817　—　498

9

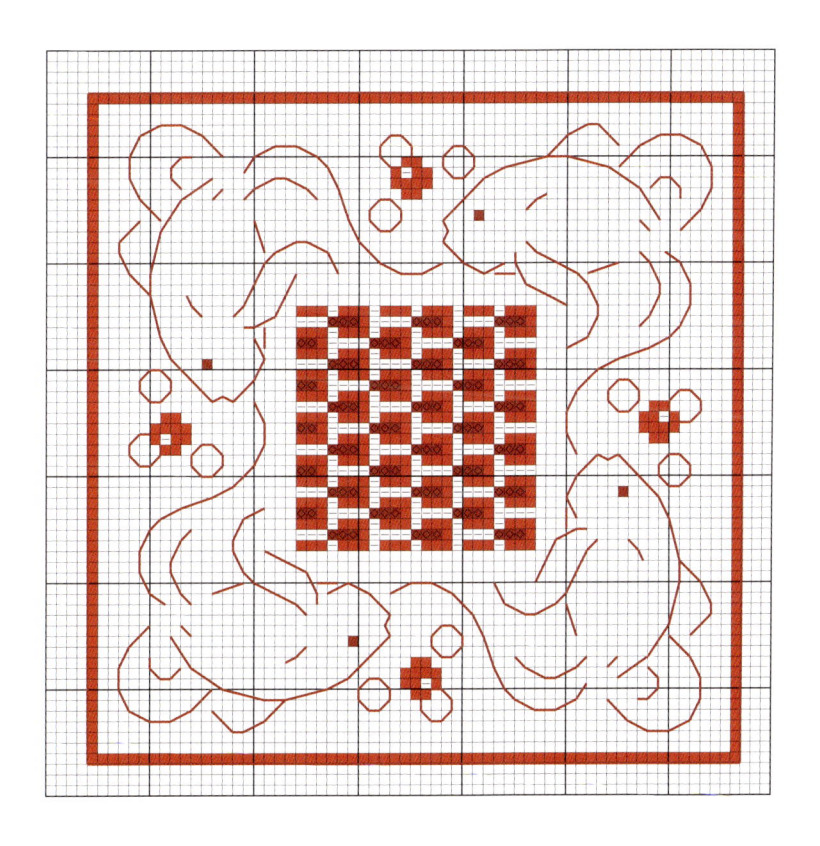

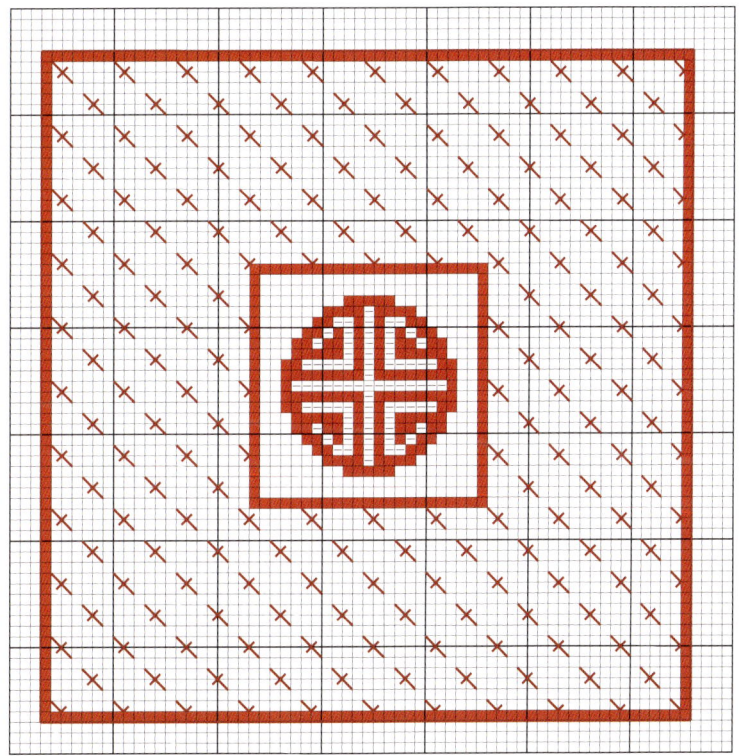

Coussin Il était une fois
おとぎ話のクッション　　作品の作り方 P.89

Biscornu aux oiseaux avec face tissu
鳥かごモチーフのビスコーニュ　　作品の作り方 P.89

11

おとぎ話のクッション

クロスステッチ2本どり　　バックステッチ
■ 498　■ 817　　— 498　— 817

鳥かごモチーフのビスコーニュ

クロスステッチ2本どり	バックステッチ
☐ Blanc (白) ■ 498	— 498

Cube Rouge Passion
赤いパッションのキューブ
作品の作り方 P.90

Le conseil d'Aurelle
オーレルからのアドバイス
白の特小パールビーズを、白いステッチの部分の上に縫いつけ、キューブ型ピンクッションを美しく飾っても素敵です。

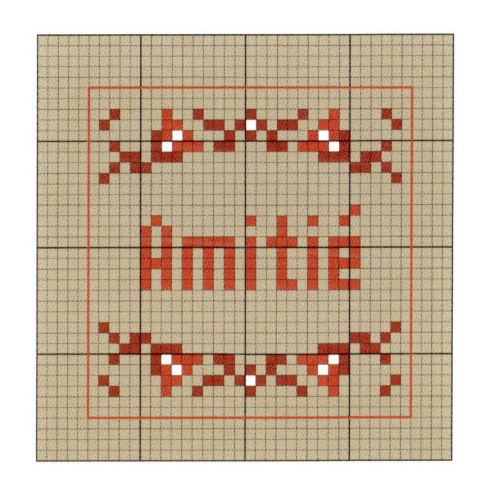

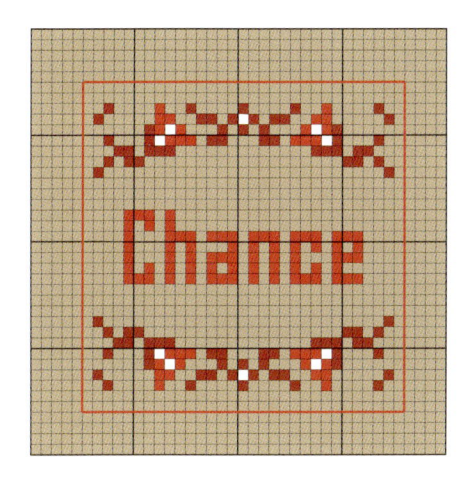

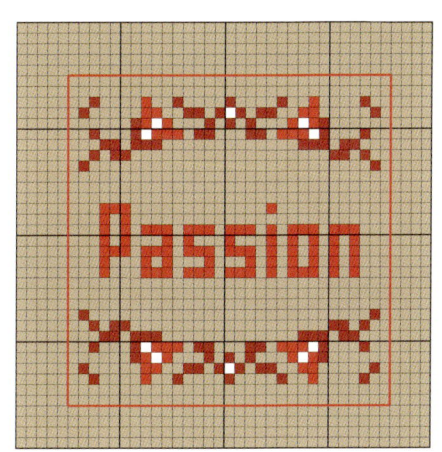

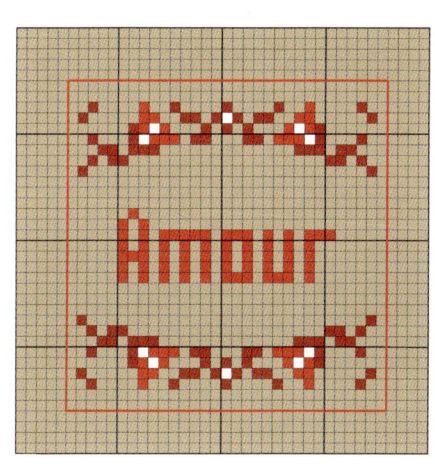

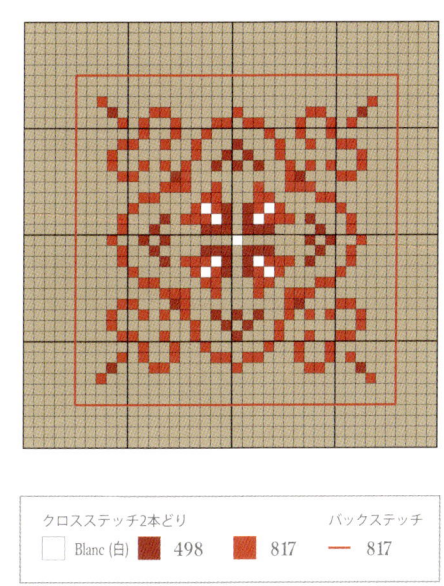

クロスステッチ2本どり		バックステッチ
☐ Blanc (白) ■ 498	■ 817	— 817

Biscornu à 15 faces
15面体のビスコーニュ　作品の作り方 P.91

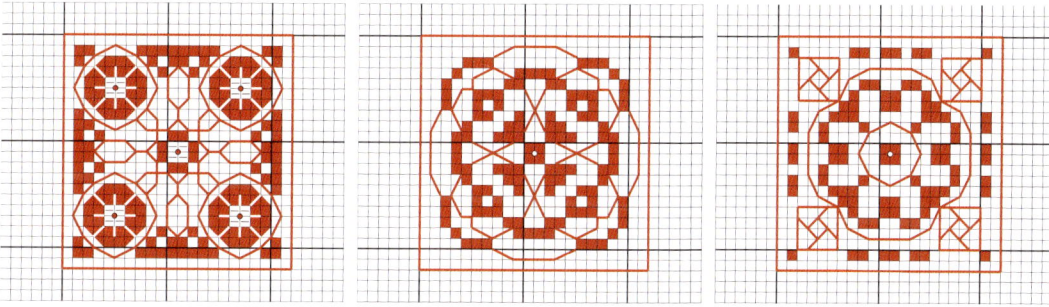

Le conseil d'Aurelle
オーレルからのアドバイス

・DMCのバリエーション糸を使うと、単色使いのビスコーニュに個性的なニュアンスが出ます。
・作品の出来上がりサイズは、使う刺しゅう布によって変わってきます。例えば、アイーダ、1cm＝2.4ステッチ（つまり、4.16cm＝10ステッチ）を使えば、"マキシサイズ"のビスコーニュになり、クッションサイズに仕上がります！

クロスステッチ2本どり	バックステッチ	フレンチノット
Blanc (白)　817	Blanc (白)　817	∘ Blanc (白)　• 817

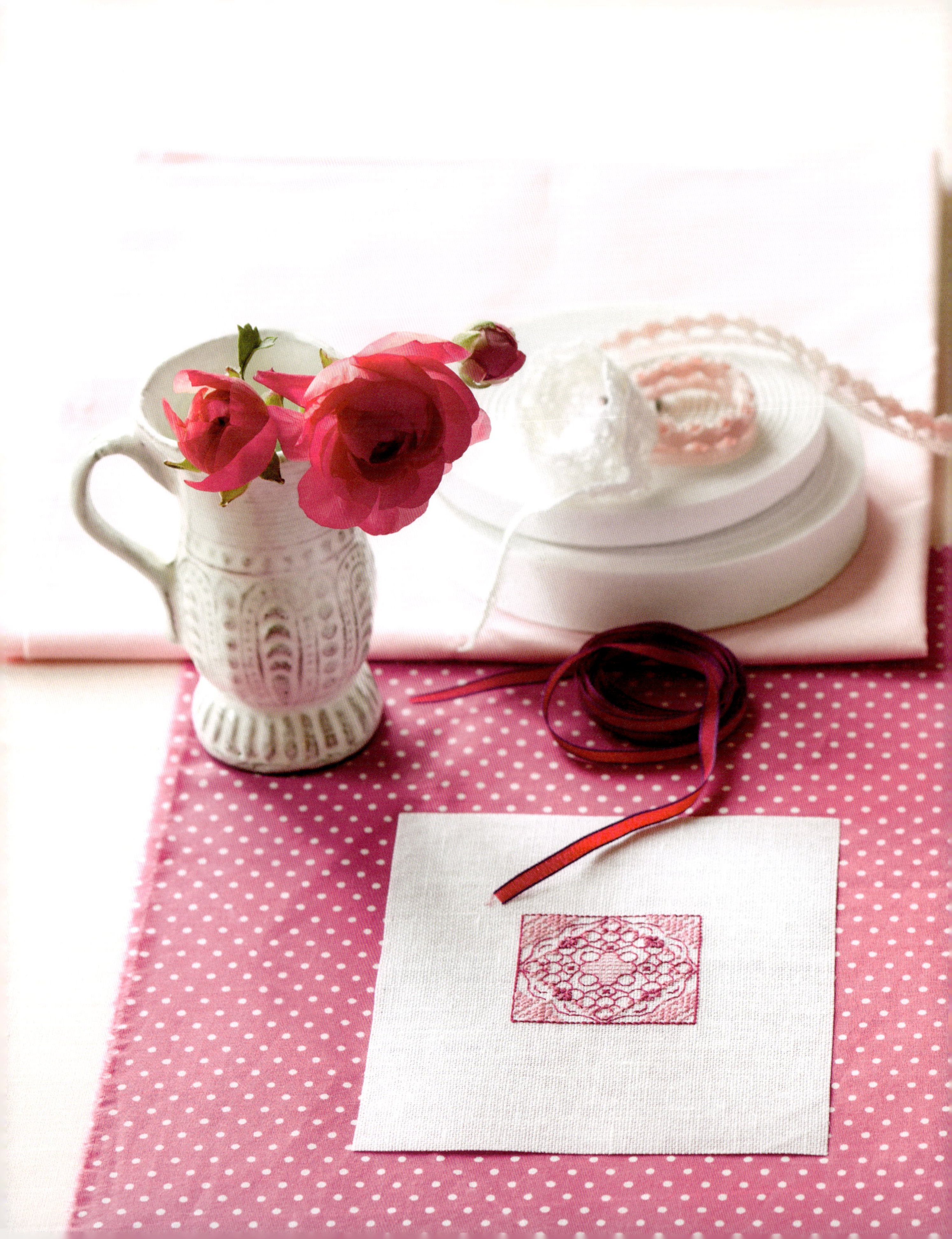

Collection de dentelles
レースモチーフのビスコーニュたち

儚(はかな)げで優美、フェミニンで淡いトーン……。レースモチーフはいつも、刺しゅうファンの憧れ。ピンクの繊細な刺しゅうにパールを施したビスコーニュは、まるでジュエリーのよう。まさにエレガントの極致！

Au royaume du fil
糸の王国で　作品の作り方 P.92

Galons, rubans & co
ブレード、リボン＆co

作品の作り方　P.92

21

糸の王国で（表）

クロスステッチ2本どり
- 3608
- 211
- 3607

バックステッチ
— 917

フレンチノット
・ 3607

糸の王国で（裏）

クロスステッチ2本どり
- 3608
- 211
- 3607

バックステッチ
— 917

ブレード、リボン＆co（表）

クロスステッチ2本どり
3608
211
3607
バックステッチ
— 211
— 3608
— 917
パールビーズ

ブレード、リボン＆co（裏）

クロスステッチ2本どり
- 3608
- 211
- 3607

バックステッチ
- 3607
- 917

フレンチノット
- 3607

パールビーズ

Biscornu baroque
バロックモチーフのビスコーニュ　　作品の作り方　P.92

Le conseil d'Aurelle
オーレルからのアドバイス
- この本のモチーフをしおりに刺しゅうしたり、タオルや小物入れ袋に刺しゅうして美しく飾り立てるのもおすすめ。
- ピンクッションに化繊綿を詰める代わりに、小石やレンズ豆を詰めれば、ペーパーウエイトにもなります。

クロスステッチ2本どり
■ 3608
■ 917
バックステッチ
— 917

27

L'étoile à 8 branches
お星さまのビスコーニュ　　作品の作り方　P.93

Le conseil d'Aurelle
オーレルからのアドバイス
クッション型や星形のビスコーニュを、小さなサイズで作ってみましょう。角にカラビナを縫いつければ、キーホルダーに。

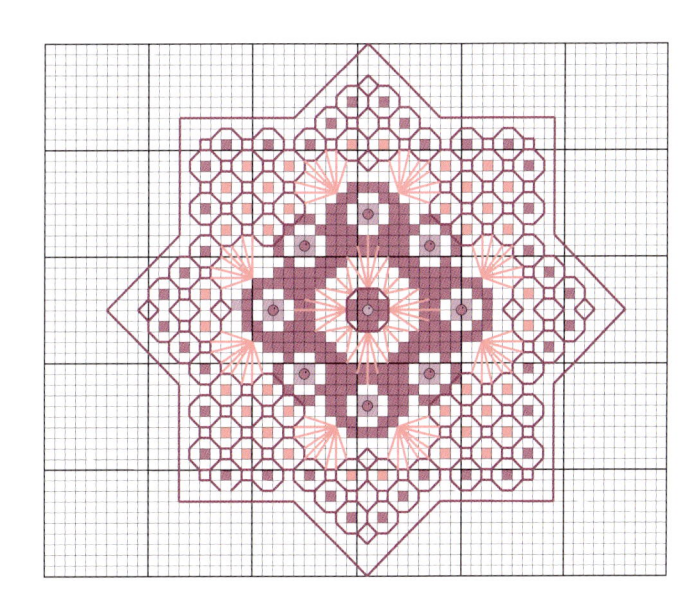

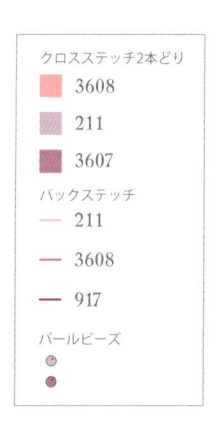

クロスステッチ2本どり
- 3608
- 211
- 3607

バックステッチ
- 211
- 3608
- 917

パールビーズ

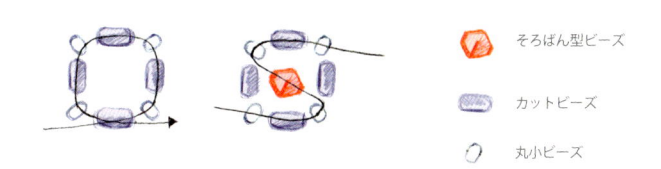

そろばん型ビーズ

カットビーズ

丸小ビーズ

29

Coussin aux roses
バラのクッション　　作品の作り方　P.93

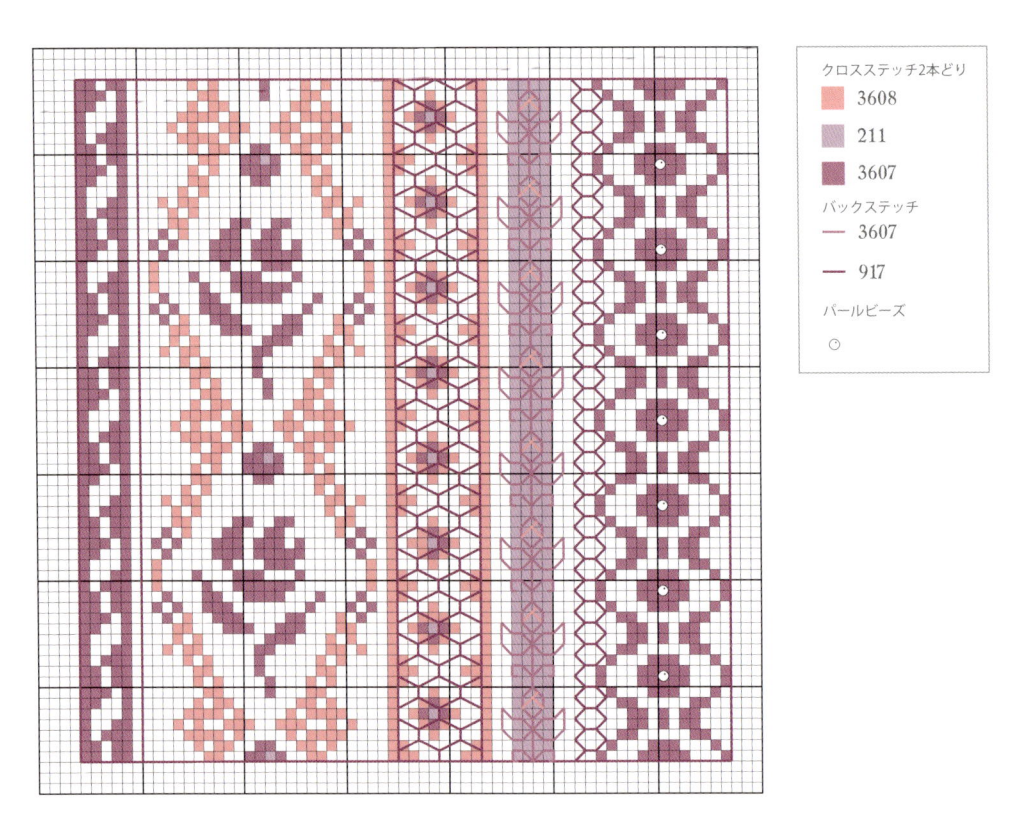

クロスステッチ2本どり
- 3608
- 211
- 3607

バックステッチ
— 3607
— 917

パールビーズ
○

Coussin rond
丸型のクッション　　作品の作り方　P.93

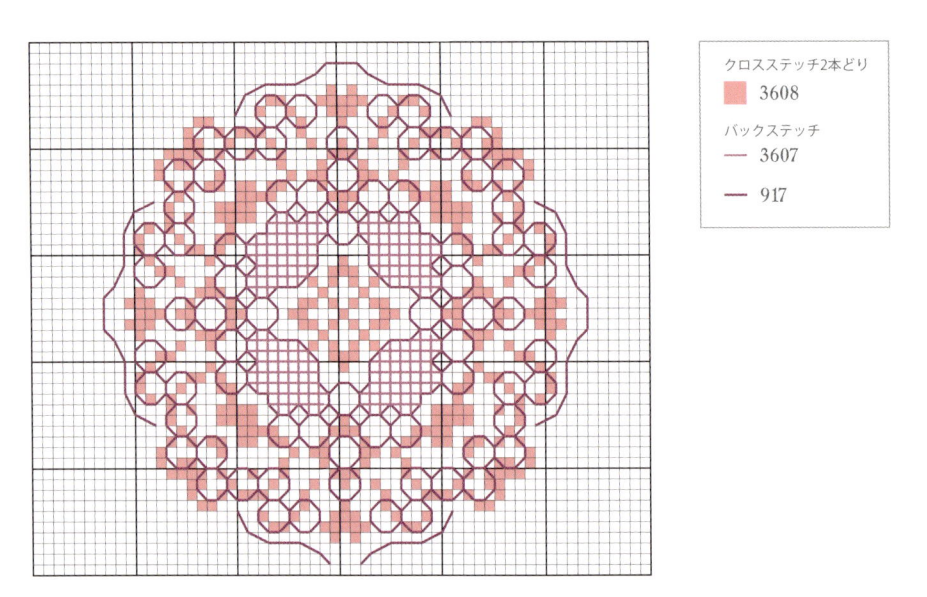

クロスステッチ2本どり
- 3608

バックステッチ
— 3607
— 917

31

La pagode
パゴダ　　作品の作り方　P.94

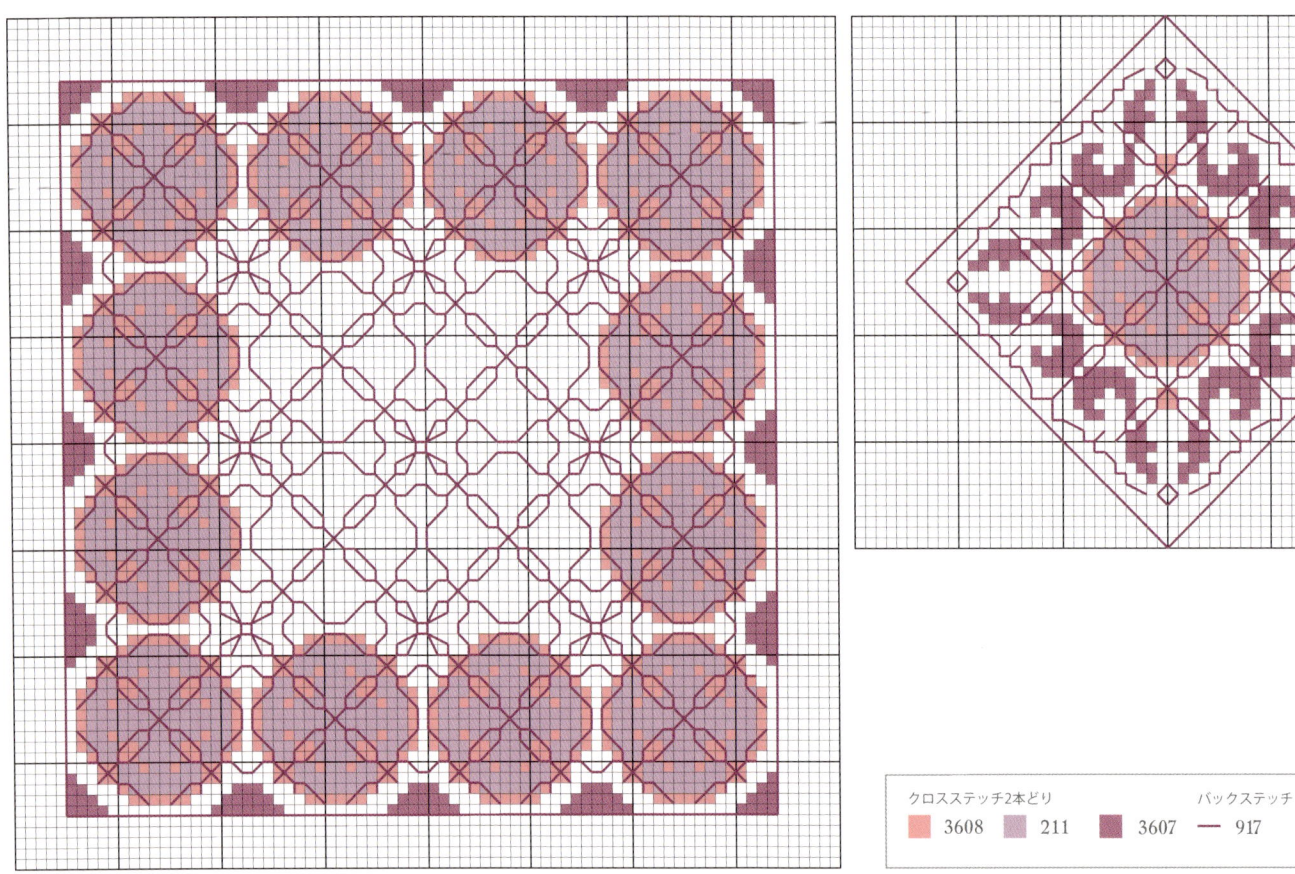

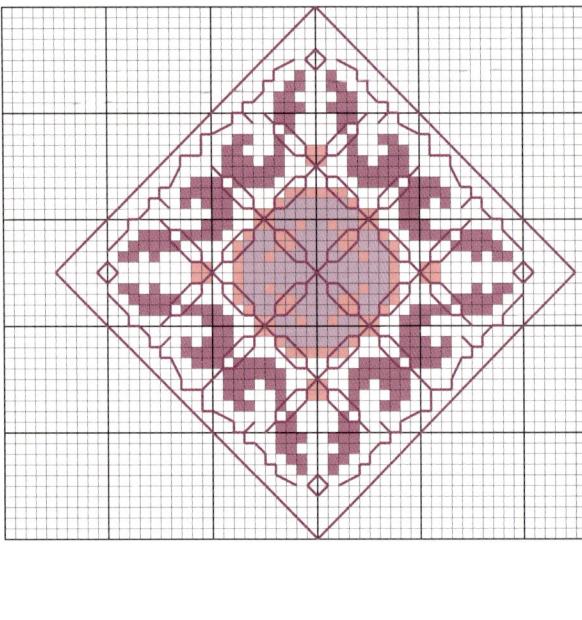

クロスステッチ2本どり　　　　バックステッチ
3608　　211　　3607　　— 917

Biscornu fleurs et dentelles
お花とレースのビスコーニュ　　作品の作り方　P.96

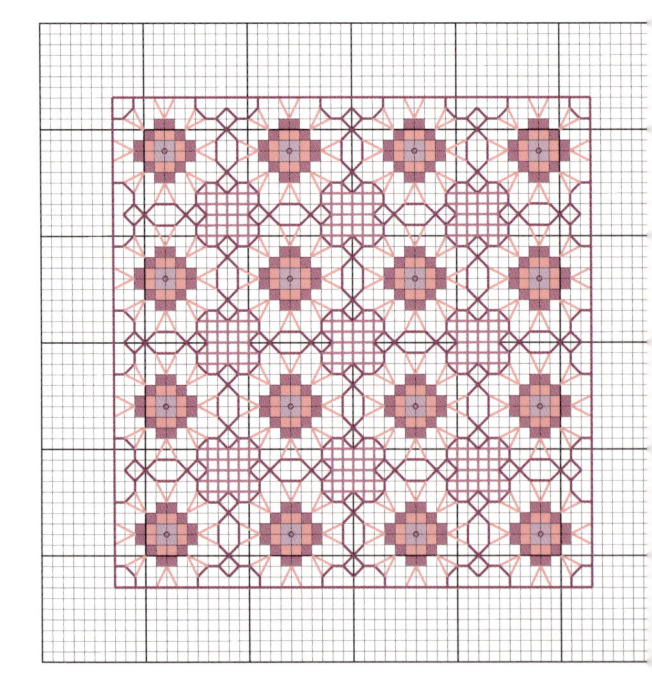

クロスステッチ2本どり　　バックステッチ
3608　　211　　3607　　— 3607　　— 917
　　　　　　　　　　　　　　— 3608
フレンチノットまたはビーズ
・　3607

33

Le pique-aiguilles breloque
チャーム風ピンクッション　作品の作り方 P.95

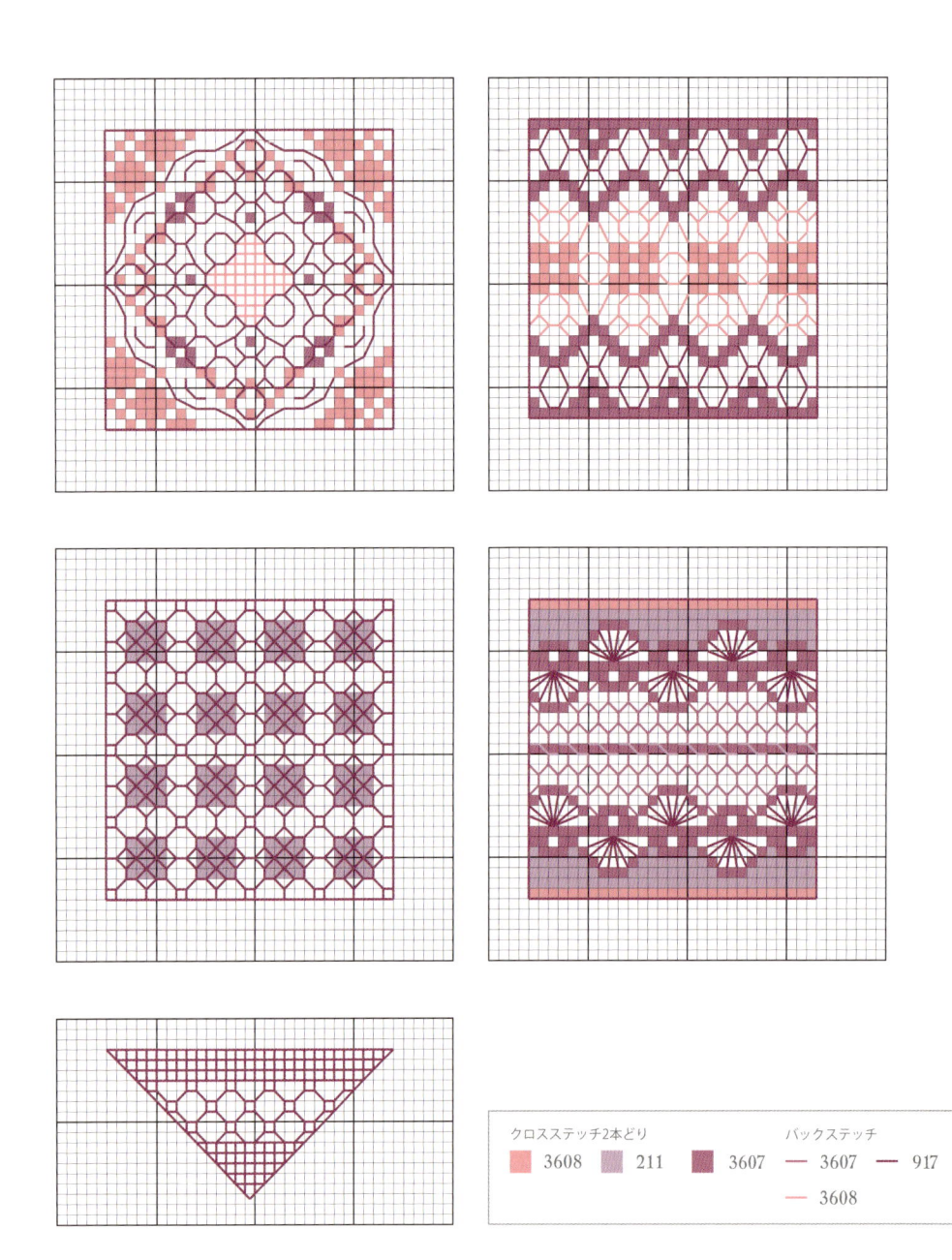

クロスステッチ2本どり	バックステッチ
■ 3608　■ 211　■ 3607	— 3607　— 917
	— 3608

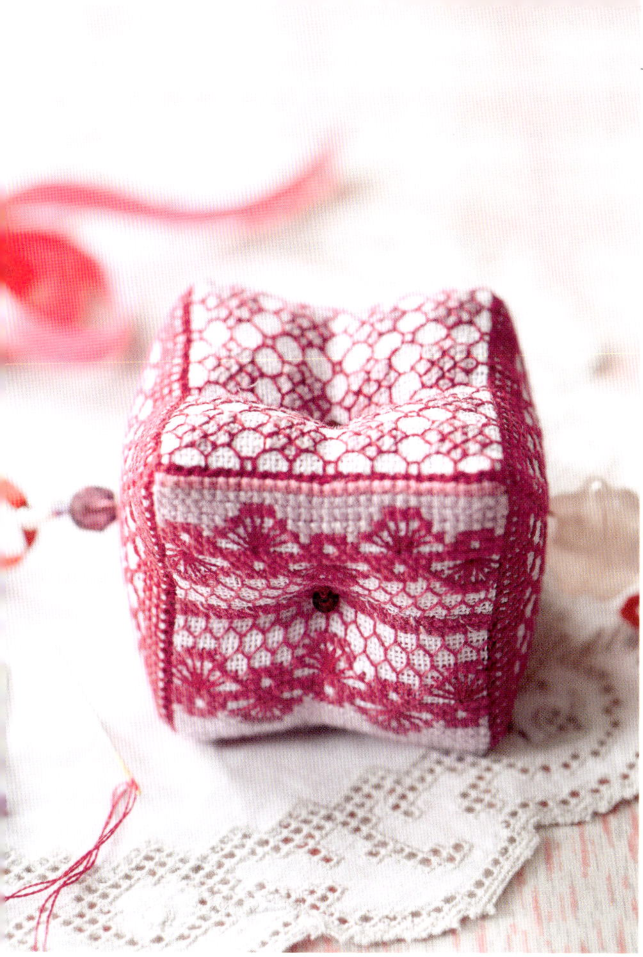

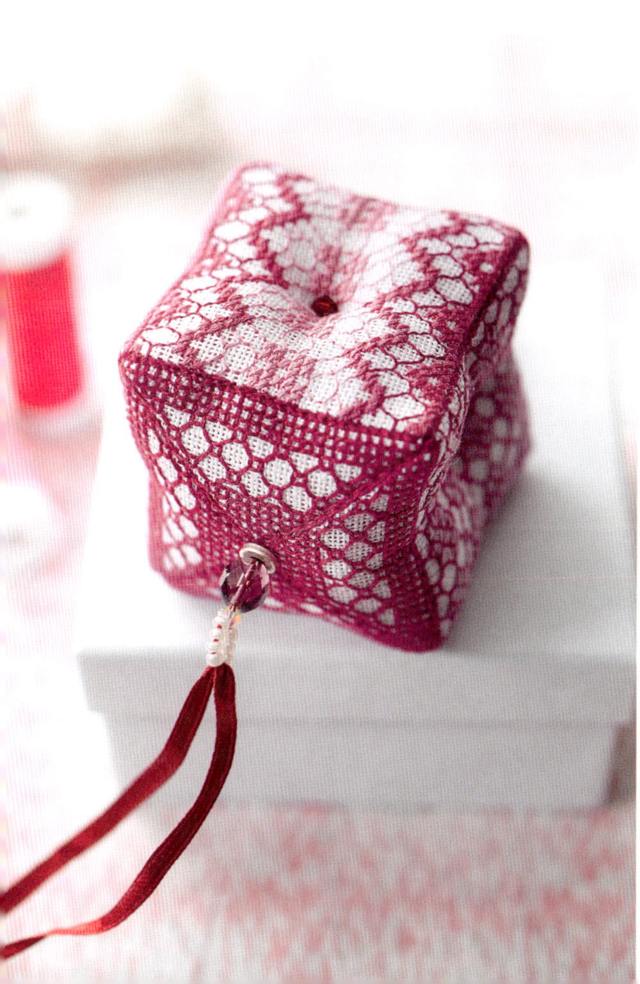

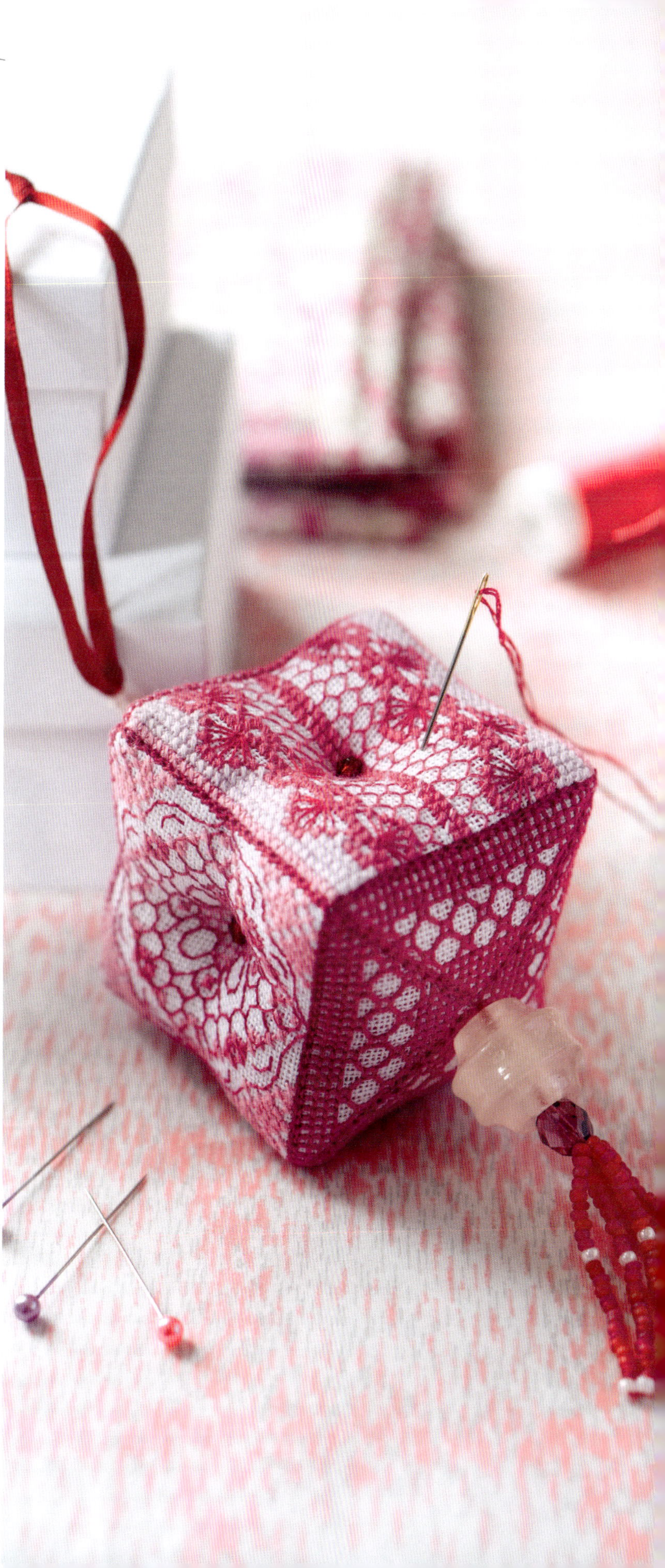

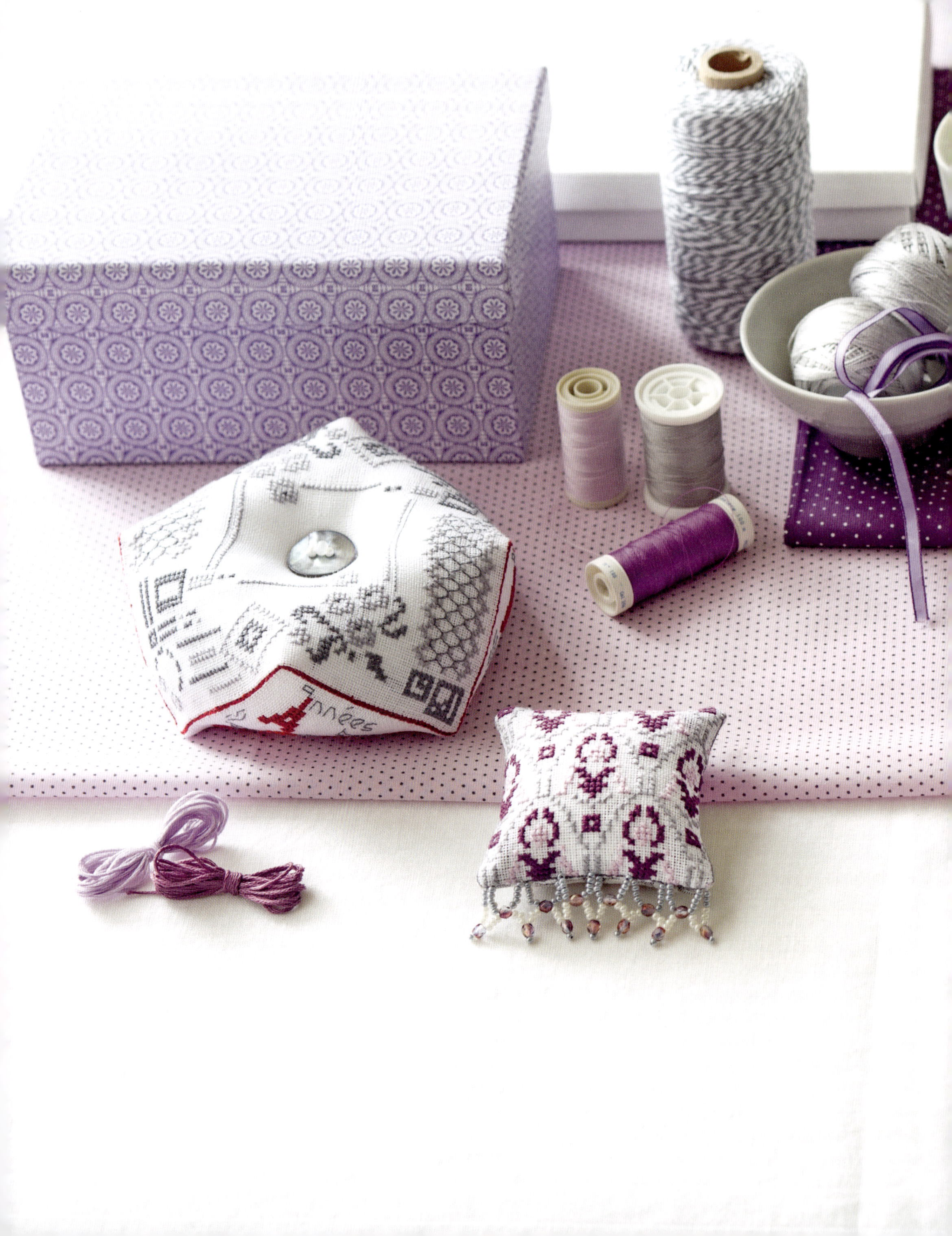

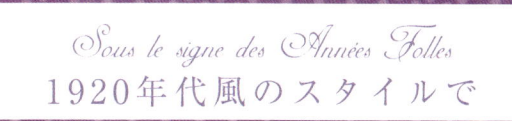

Sous le signe des Années Folles
1920年代風のスタイルで

最新のファッションに身を包んだ女性、モダンな幾何学模様、アールデコ調のアルファベット……。フランスで芸術文化が花開いた、きらびやかな1920年代へのオマージュをモチーフにした、ちょっとレトロモダンなビスコーニュたち。

Biscornu Années Folles
アールデコなビスコーニュ　作品の作り方　P.96

39

アールデコなビスコーニュ（表）

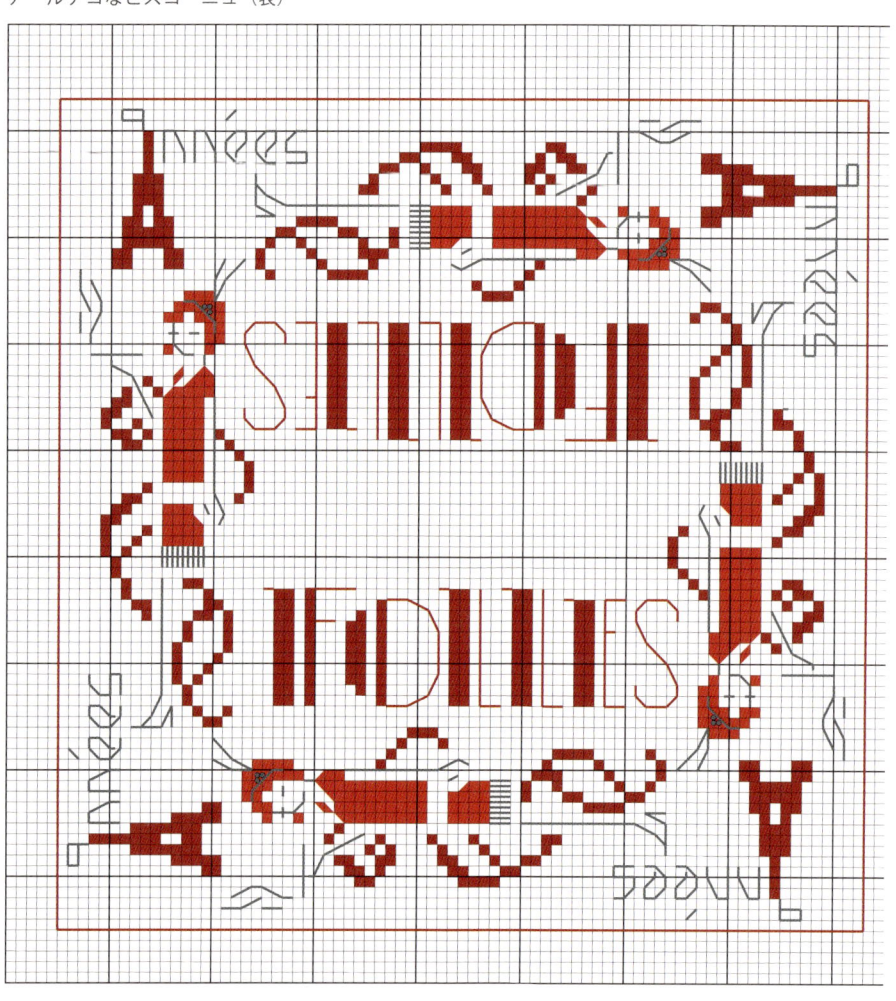

クロスステッチ2本どり　**バックステッチ**
■ 817　■ 498　— 498　— 317

フレンチノット
• 317

アールデコなビスコーニュ（裏）

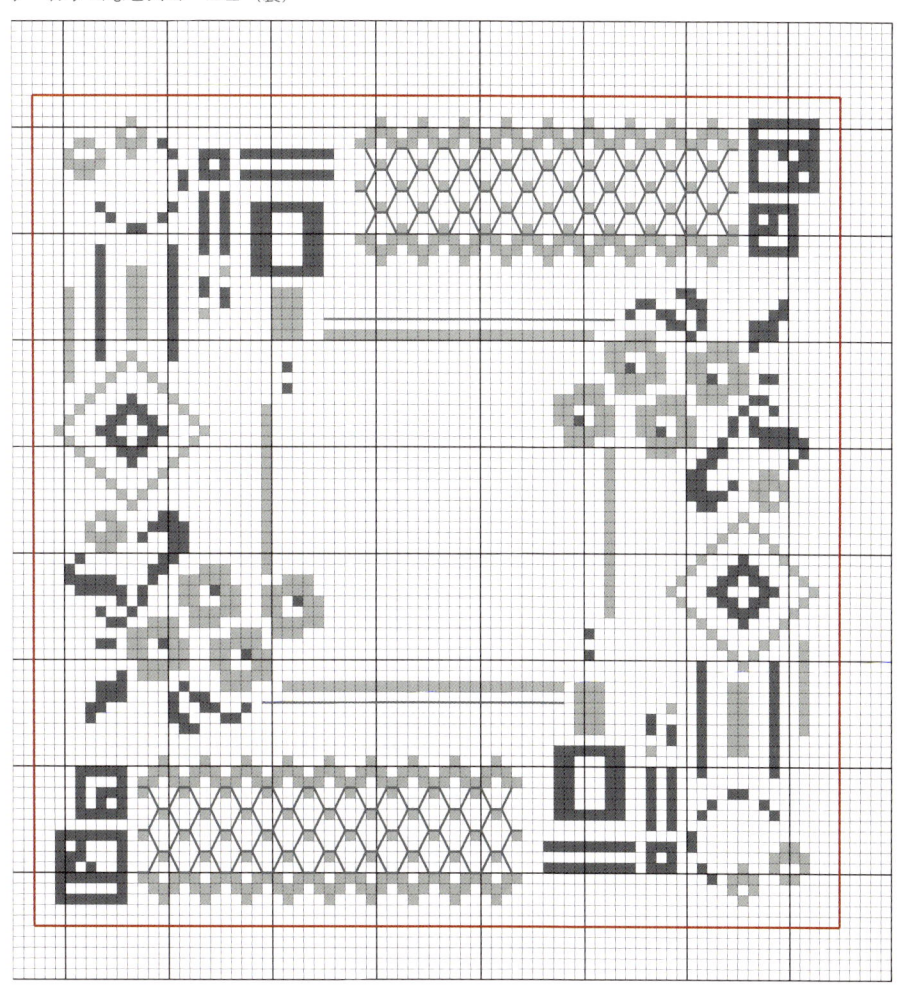

クロスステッチ2本どり		バックステッチ	
■ 318	■ 317	— 498	— 317

Coussin à franges perlées
パールのフリンジつきクッション 作品の作り方 P.97

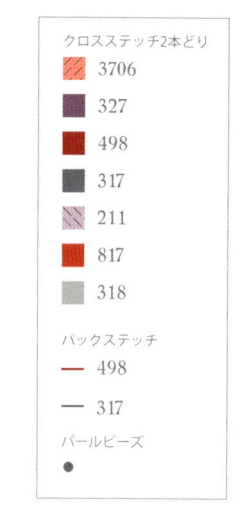

クッションA 通しはじめ

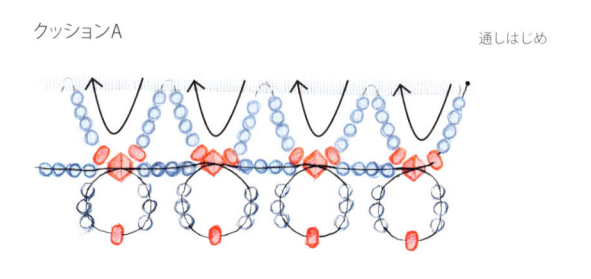

クッションB 通しはじめ

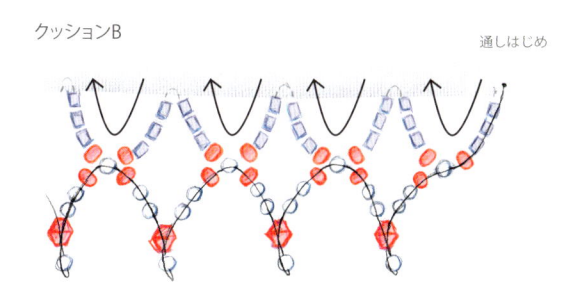

クッションC 通しはじめ

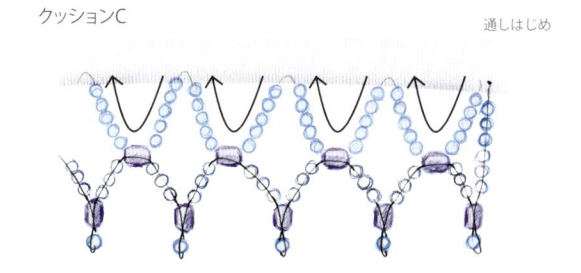

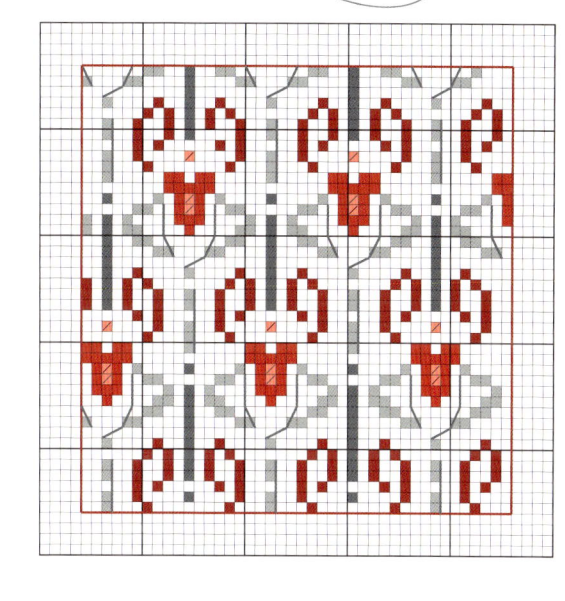

クロスステッチ2本どり
3706
327
498
317
211
817
318

バックステッチ
— 498
— 317

パールビーズ
●

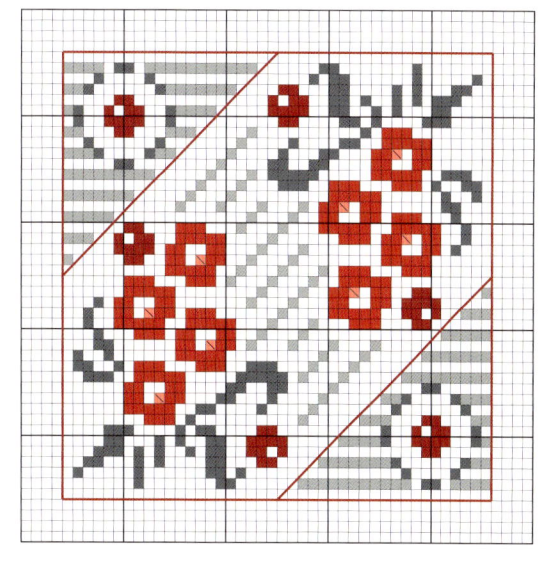

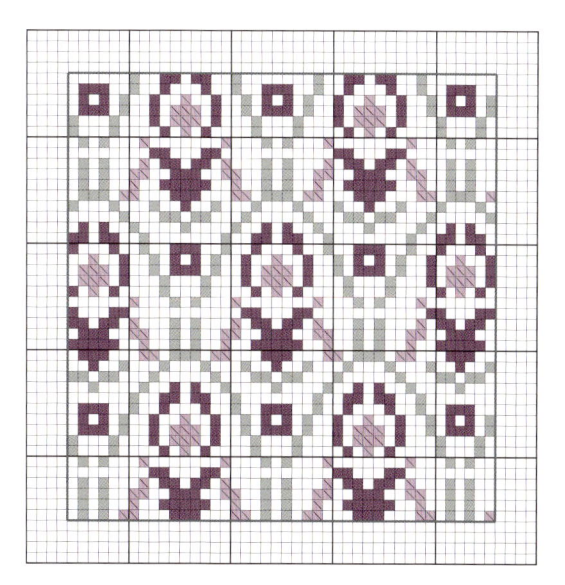

Le conseil d'Aurelle
オーレルからのアドバイス
ビスコーニュにパールの長いフリンジを等間隔に飾りつければ、パーティでのエレガントな装いを思わせるよう!

43

La montre pique-aiguilles
腕時計型ピンクッション　　作品の作り方 P.98-99

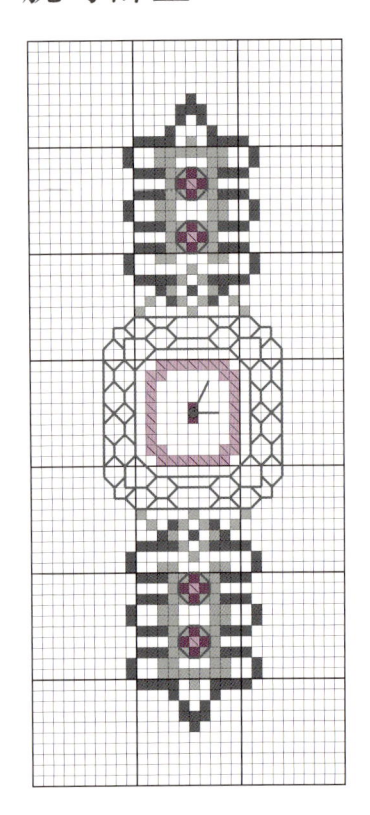

クロスステッチ2本どり
- 327
- 317
- 211
- 318

バックステッチ
— 317

パールビーズ
●

Coussin Abécédaire rétro
レトロなアルファベットのクッション

作品の作り方 P.97

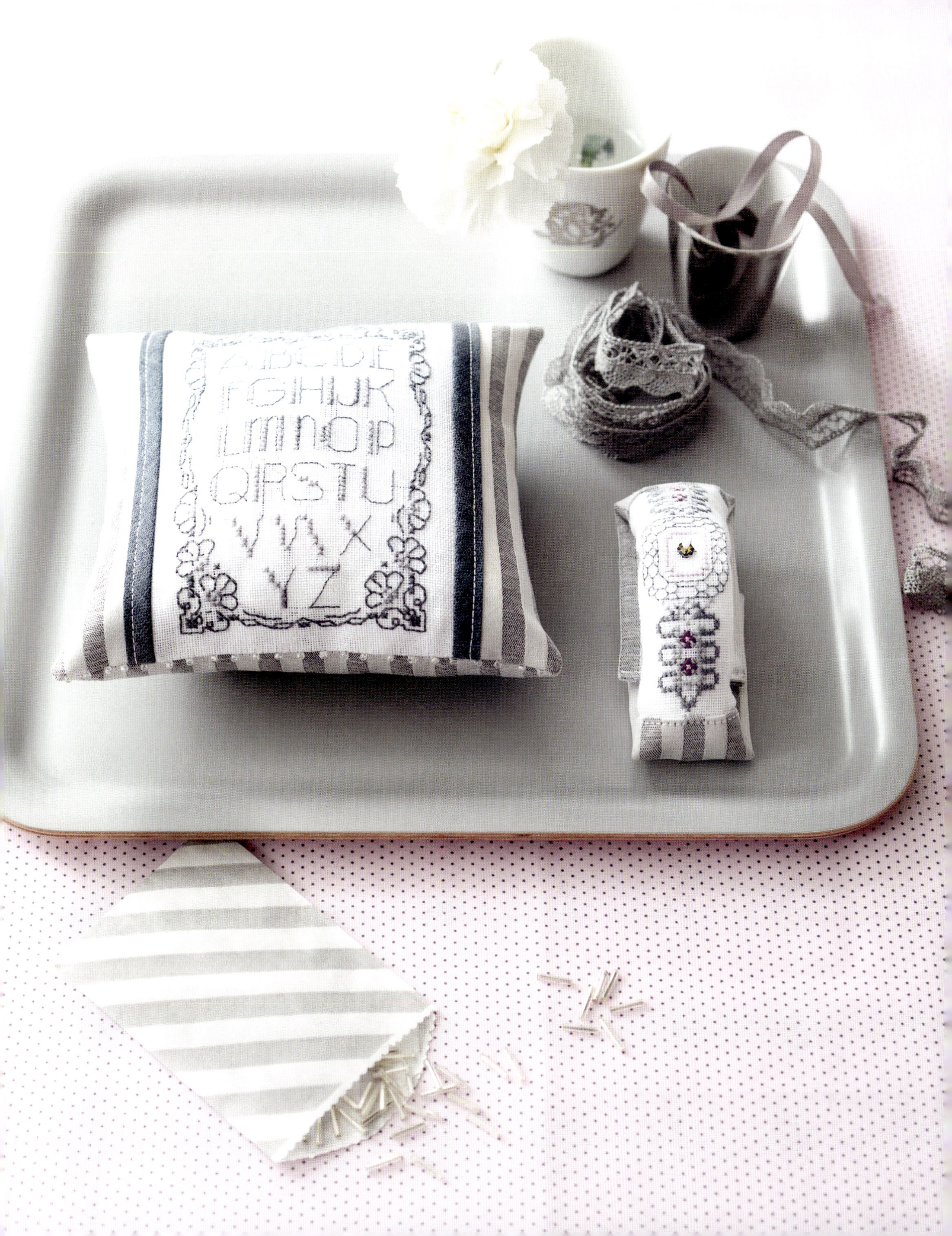
ABCDE
FGHIJK
LMNOP
QRSTU
VWX
YZ

Maison de confection
手づくりのお家 　作品の作り方 P.100

46

47

手づくりのお家（前正面）

手づくりのお家（後ろ正面）

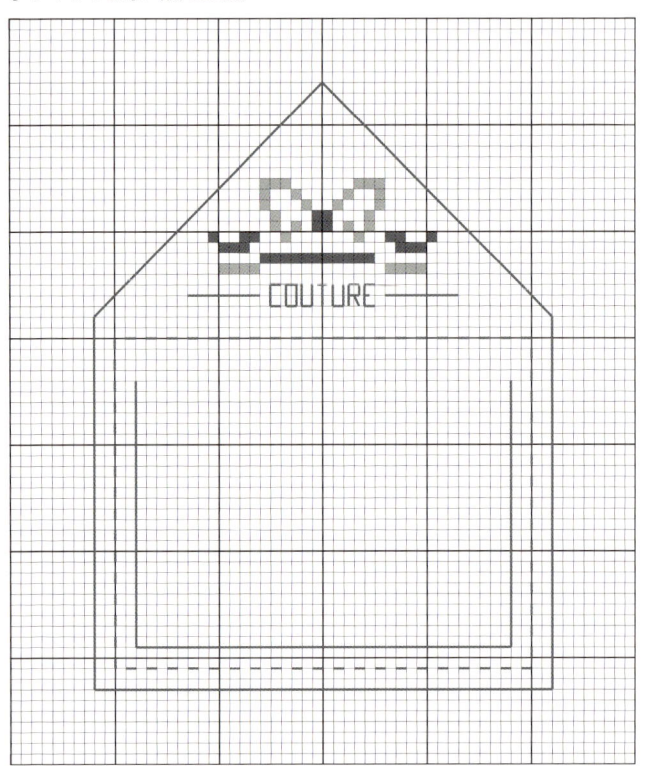

手づくりのお家（側面A）

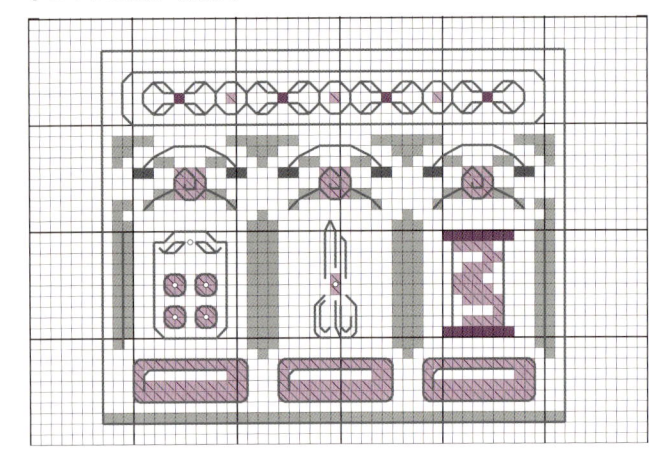

手づくりのお家（側面B）

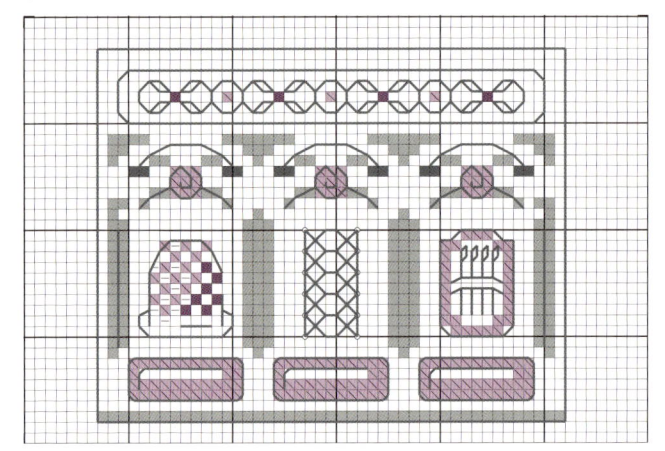

クロスステッチ2本どり					
Blanc (白)	211	327	318	317	

バックステッチ　フレンチノット
— 317　　• 317

手づくりのお家（底面） 手づくりのお家（屋根）

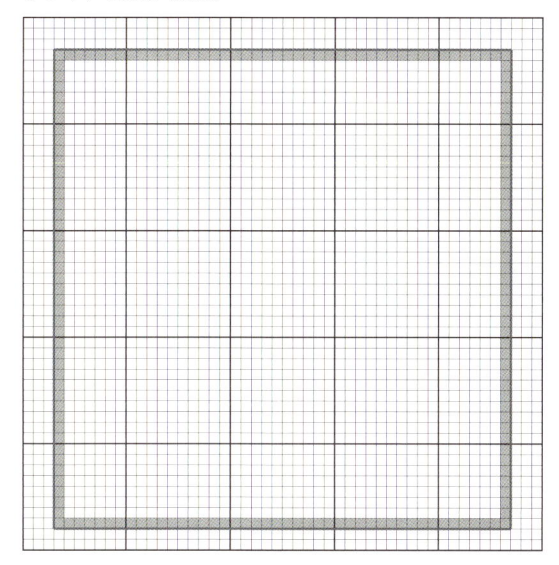

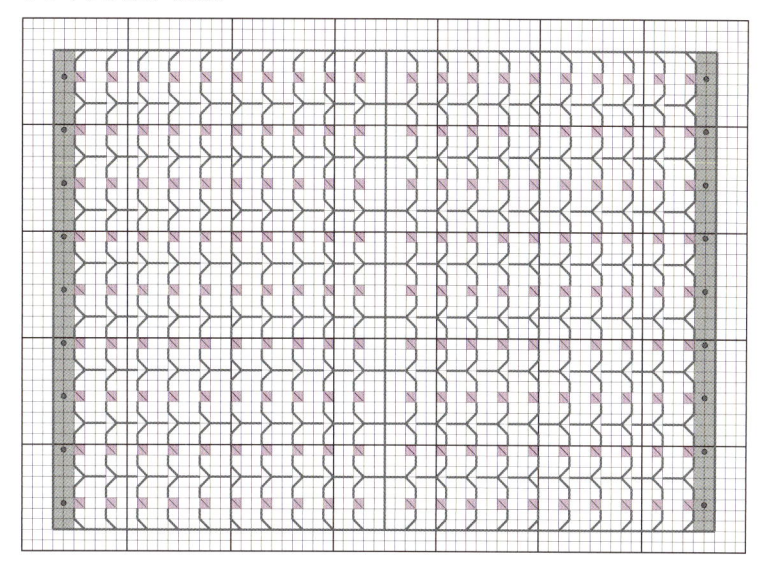

手づくりのお家（ポケット）

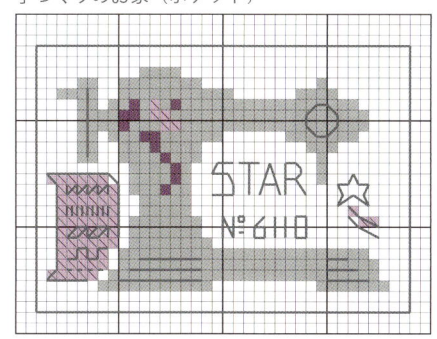

クロスステッチ2本どり					
	Blanc (白)	211	327	318	317
バックステッチ	フレンチノット				
— 317	• 317				

49

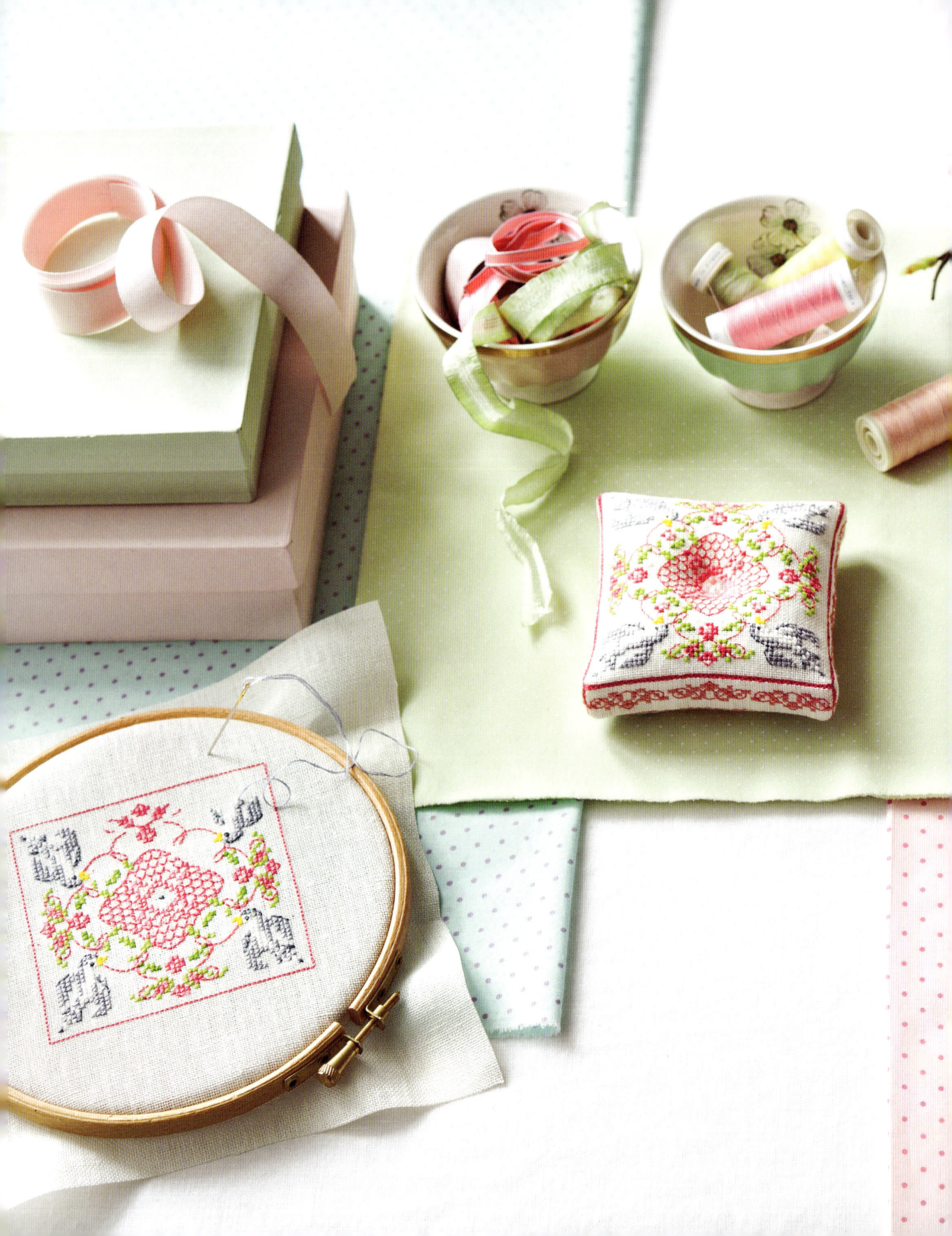

Un instant romantiques
ロマンティック大好き

お花が主役のやさしい色合いのモチーフが、ポエティックな世界を紡ぎます。刺しゅうする指先のセンチメンタリズムをまとって、お裁縫箱にロマンティックな雰囲気を添えてくれるはず。

Biscornu «roses»
"バラ" のビスコーニュ　　作品の作り方 P.101

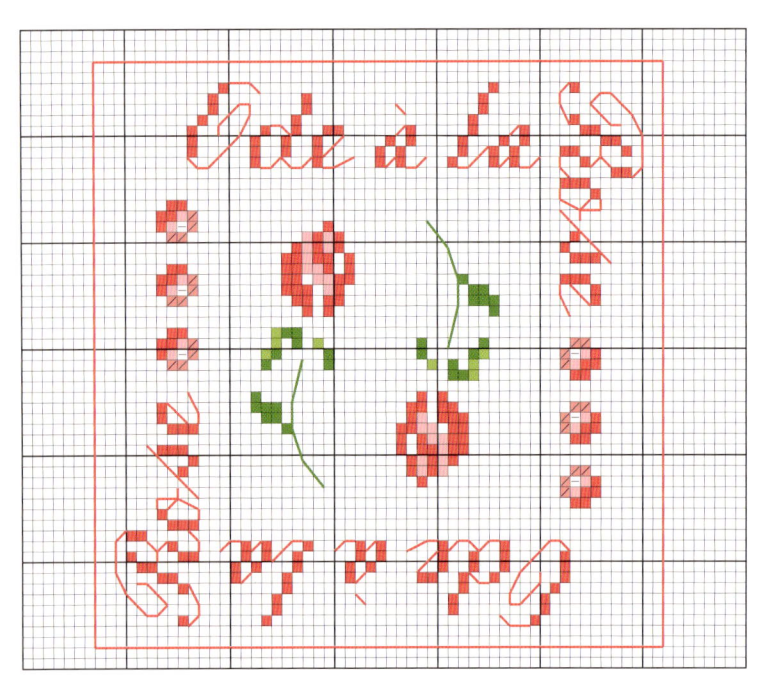

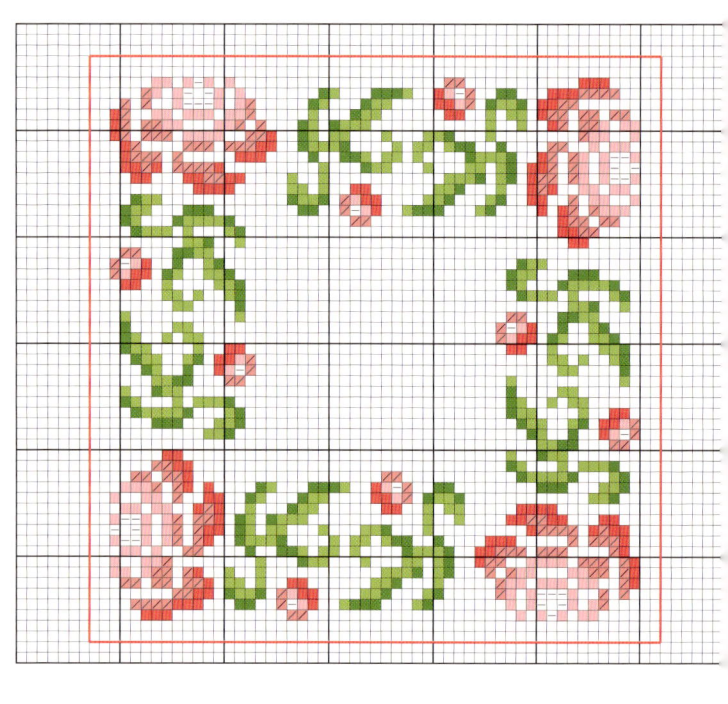

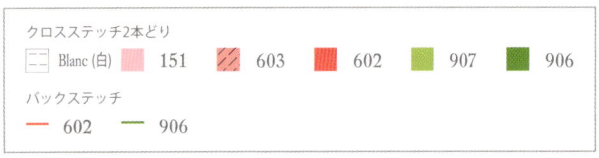

クロスステッチ2本どり
Blanc (白)　151　603　602　907　906

バックステッチ
602　906

Le conseil d'Aurelle
オーレルからのアドバイス
刺しゅう糸を使ってよりひもを作ってみても楽しいかも！
（よりひもの作り方は、P.81を参照してください。）

Mini biscornu
ミニ・ビスコーニュ　　作品の作り方 P.101

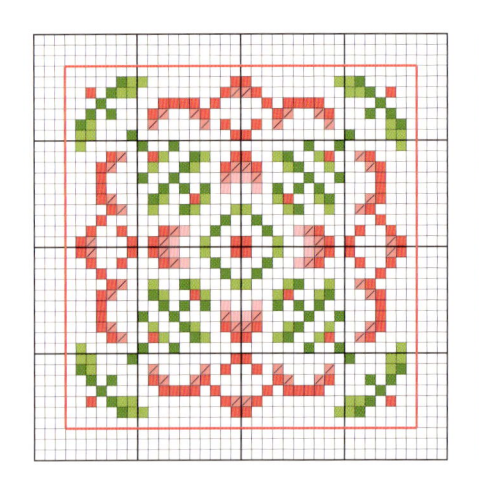

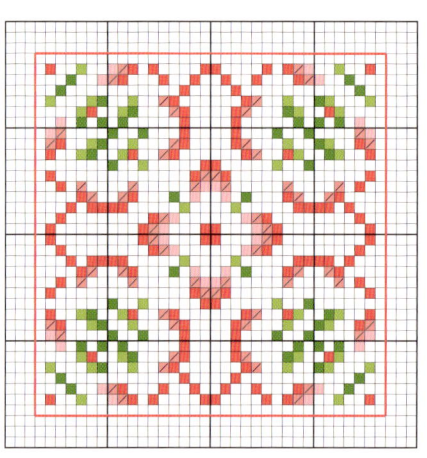

53

Le «biscofleur» à 15 faces
15面体の"ビスコフラワー" 作品の作り方 P.102

モチーフA　　　　　　　　モチーフB　　　　　　　　モチーフC

リブド・スパイダーズウェブ・ステッチ
（下記参照）

ダブルリヴァイアサンステッチ
（P.80参照）

クロスステッチ2本どり
Blanc (白)　151　603　602　907　906

バックステッチ
— 602　— 906

フレンチノット
○ Blanc (白)

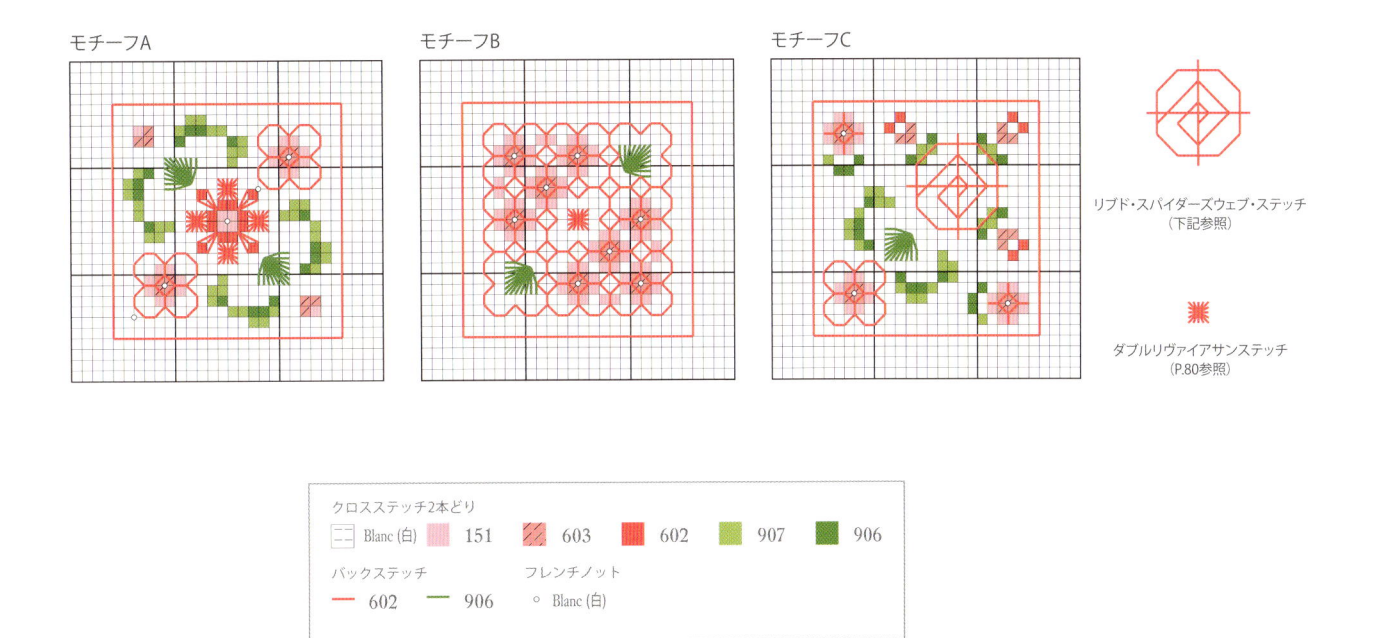

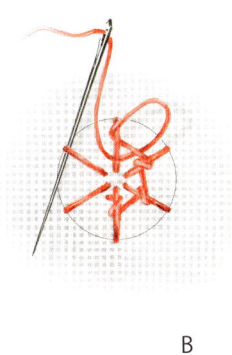

リブド・スパイダーズウェブ・ステッチ

A　　　　　　　　　　B

A 星状に6本の芯になる糸を刺す。1から針を出し、最初の1本の下をくぐらせて後ろに戻す。最初の糸と2本目の糸をすくって針を出す。

B 2本目の糸の後ろに戻って、2本目の糸に巻き付けるように2本目と3本目の糸をすくって針を出す。同様に外側に向かって繰り返す。

55

Coussin aux deux colombes

2羽の鳩のクッション　　作品の作り方 P.103

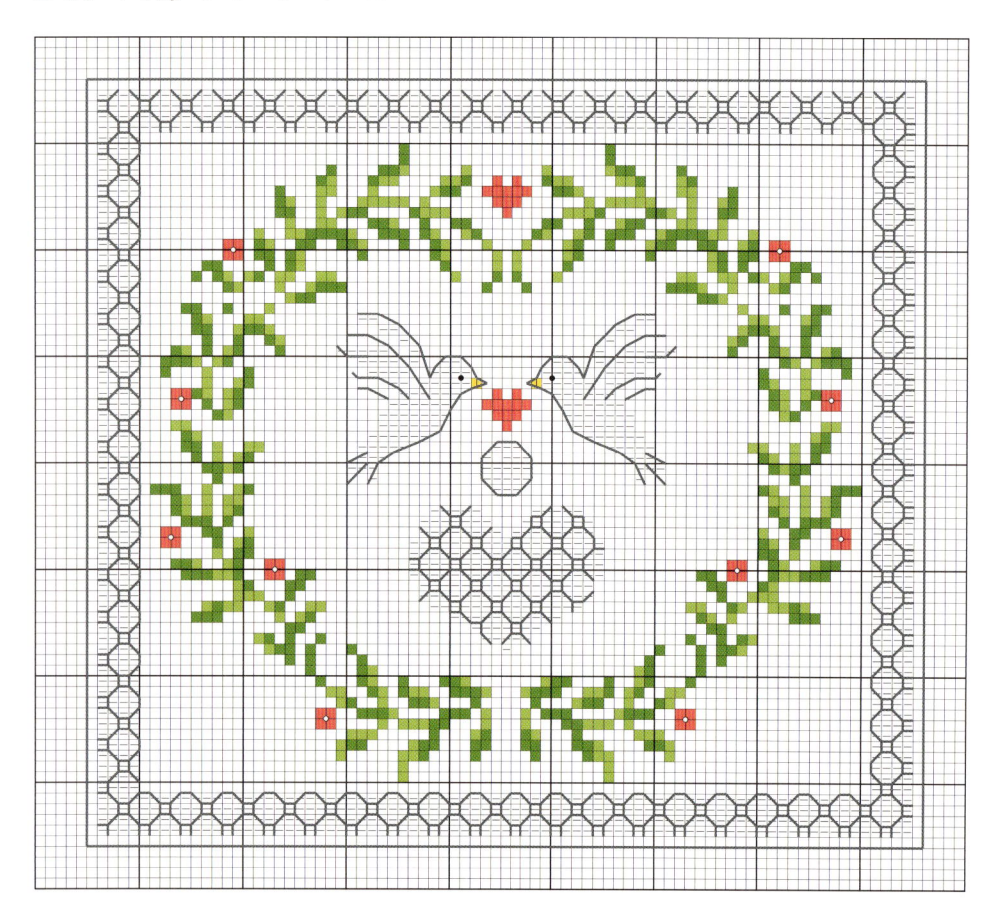

クロスステッチ2本どり				
Blanc (白)	602	906	444	907

バックステッチ　フレンチノット
― 317　　○ Blanc (白)　● 317

57

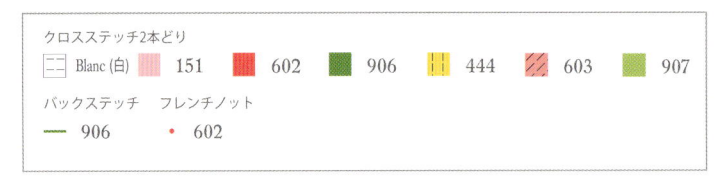

Le pique-aiguilles fleur
お花のピンクッション

作品の作り方 P.104-105

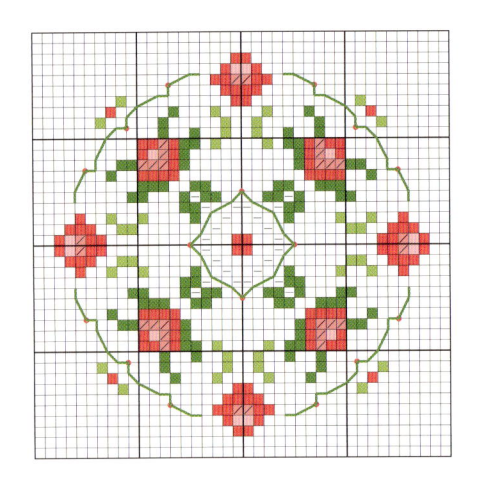

クロスステッチ2本どり
Blanc (白) ／ 151 ／ 602 ／ 906 ／ 444 ／ 603 ／ 907

バックステッチ　フレンチノット
　906　　　・602

58

Le matelas carré
四角いピンクッション　作品の作り方 P.106

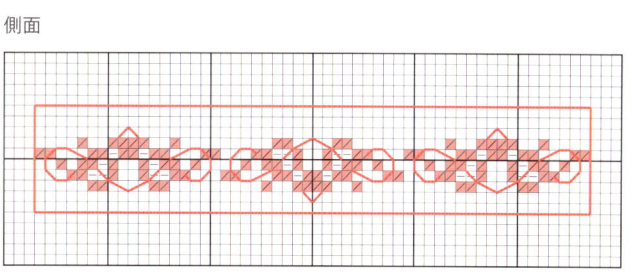

正面

側面

クロスステッチ2本どり
Blanc (白) ／ 151 ／ 602 ／ 906 ／ 444 ／ 603 ／ 907

バックステッチ
318 ／ 602 ／ 317

フレンチノット
317

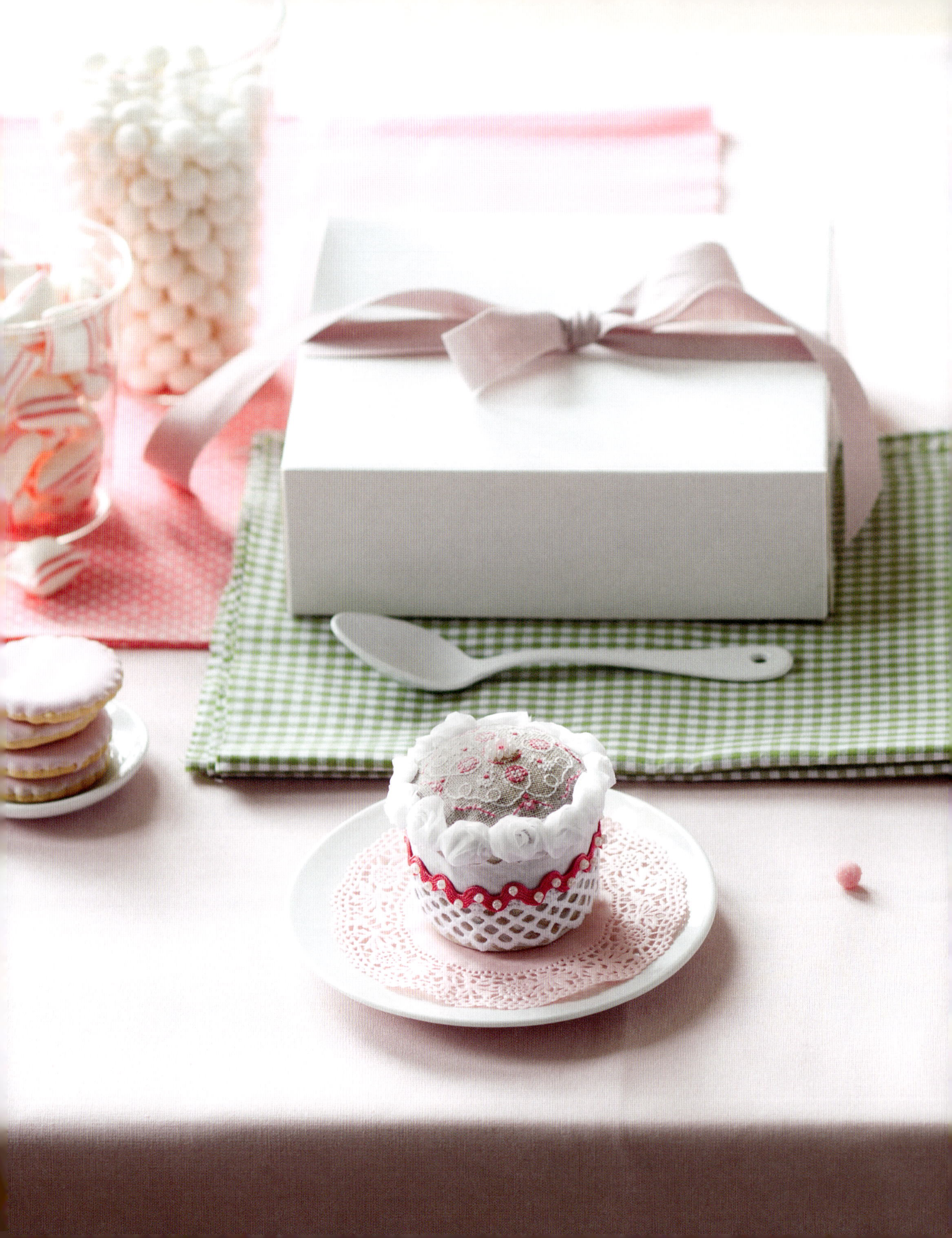

Au palais des gourmandises
お菓子のパラダイス

美味しくてかわいいお菓子がまるごとモチーフに。キュートな色合いの糸で甘酸っぱさを表現すれば、思わず食べたくなるビスコーニュの完成。色々とアレンジして、カップケーキやキャンディーのコレクションを作ってみて！

Biscornu gourmand
食いしん坊のビスコーニュ

作品の作り方　P.106

Le conseil d'Aurelle
オーレルからのアドバイス
ビスコーニュはプレゼントにもぴったり。お友達のイニシャルを刺しゅうして、オリジナルのビスコーニュをプレゼントしてみては。

食いしん坊のビスコーニュ（表）

クロスステッチ2本どり								
	Blanc (白)		151		603		772	907
バックステッチ								
	Blanc (白)	—	602	—	906			

食いしん坊のビスコーニュ（裏）

クロスステッチ2本どり				
Blanc (白)	151	603	772	907
バックステッチ			フレンチノット	
Blanc (白)	602	906	○ Blanc (白)	

Duo de berlingots
三角のベルランゴキャンディー　作品の作り方 P.107

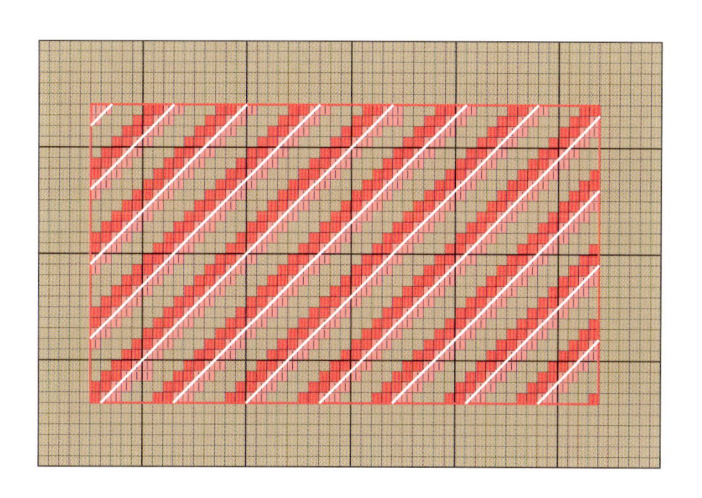

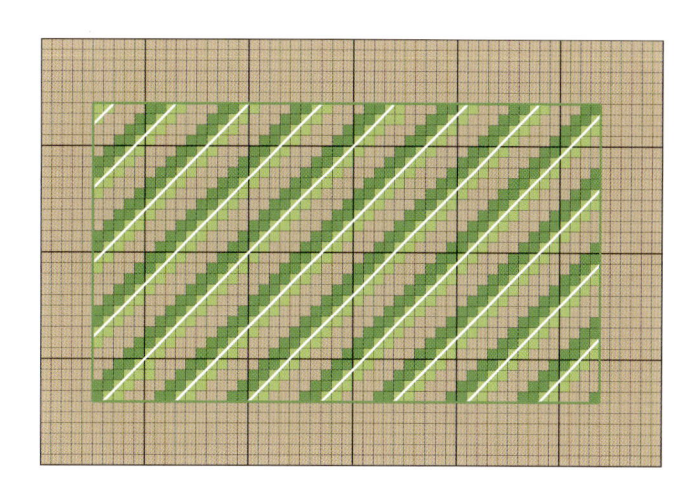

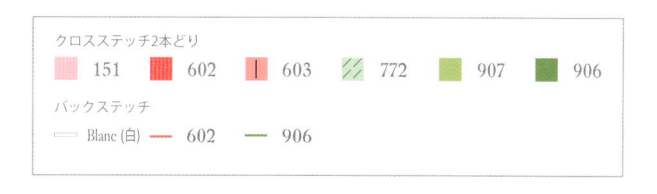

クロスステッチ2本どり
| 151 | 602 | 603 | 772 | 907 | 906

バックステッチ
Blanc (白) — 602 — 906

Adorables cupcakes
かわいいカップケーキ　作品の作り方　P.108

Le conseil d'Aurelle
オーレルからのアドバイス
・小さな端切れでも捨てないこと。ミニミニサイズのビスコーニュを作りましょう。
・フレンチノットステッチが難しい場合は、ビーズで代用しましょう。

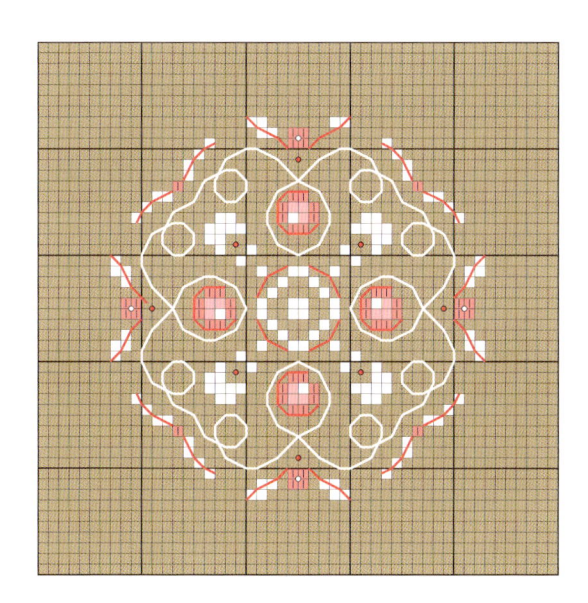

クロスステッチ2本どり

| | Blanc (白) | | 151 | | 603 | | 772 | | 907 |

バックステッチ フレンチノットまたはビーズ

— Blanc (白) — 602 — 906   • 602   • 906   ◦ Blanc (白)

La part de gâteau
ケーキのピンクッション　作品の作り方　P.109

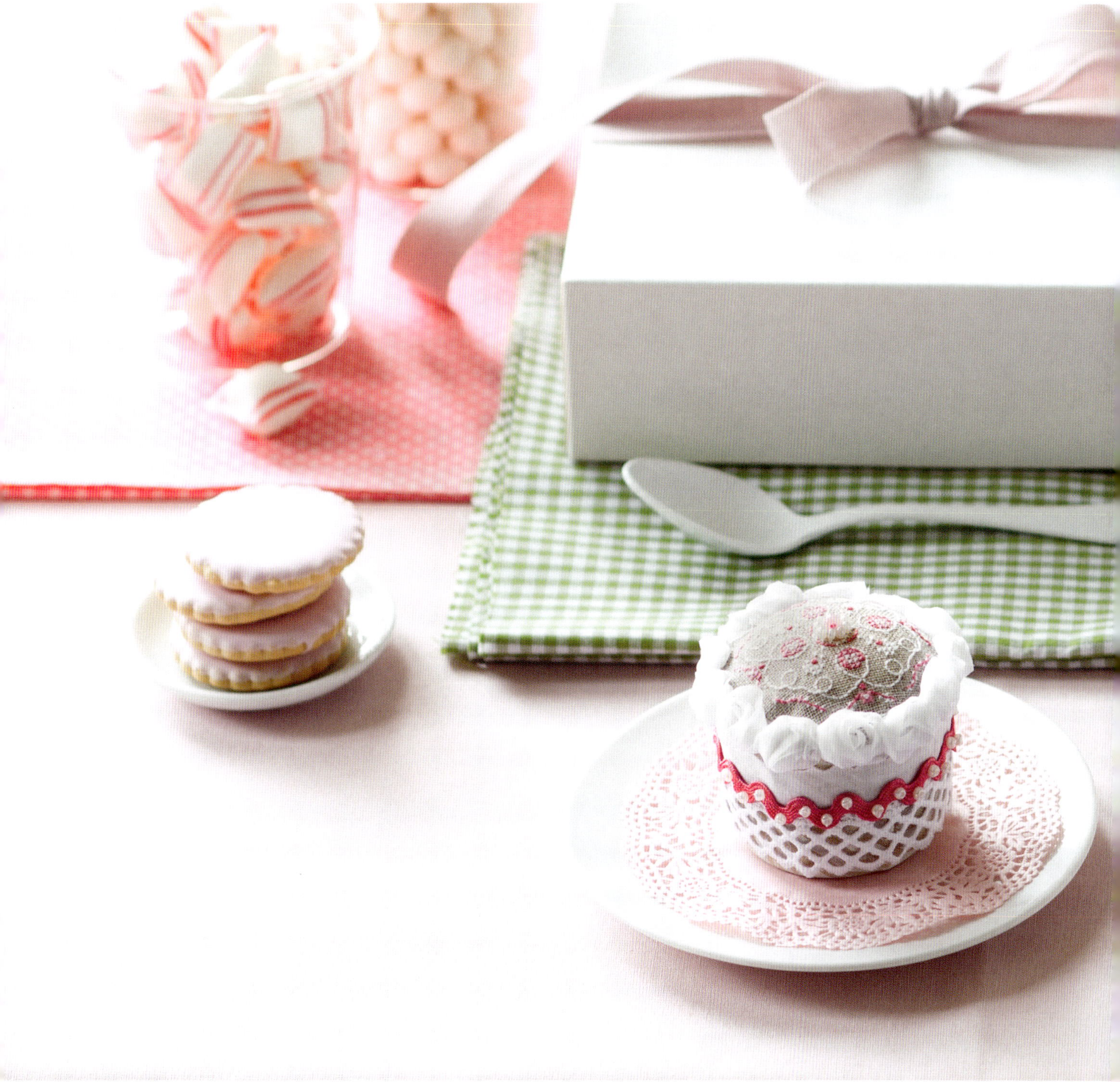

ケーキのピンクッション／外側

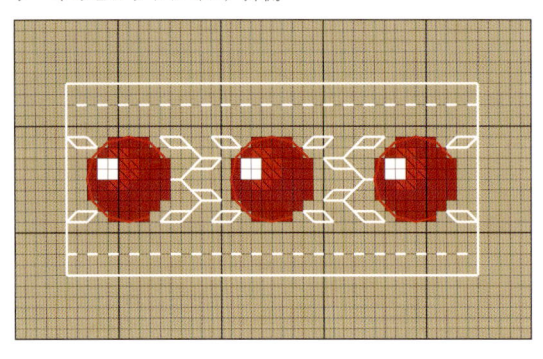

側面（小）

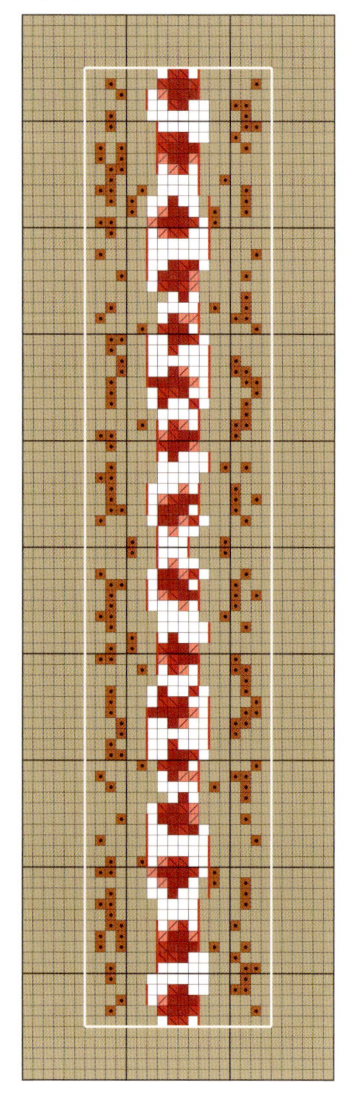

カップケーキのピンクッション

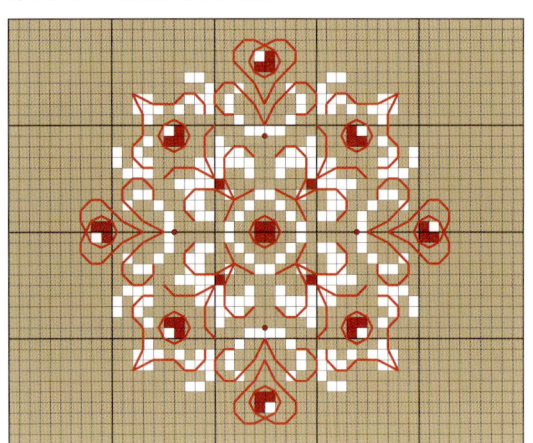

クロスステッチ2本どり				
Blanc (白)	817	780	3706	498

バックステッチ　　　　　　フレンチノット
　Blanc (白)　　817　　・ 498

上面

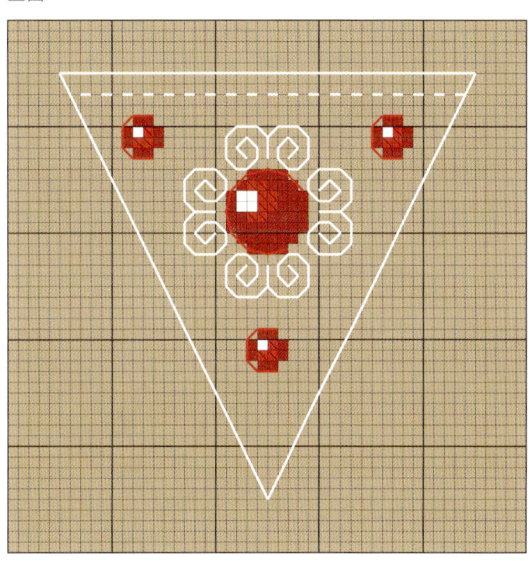

下面

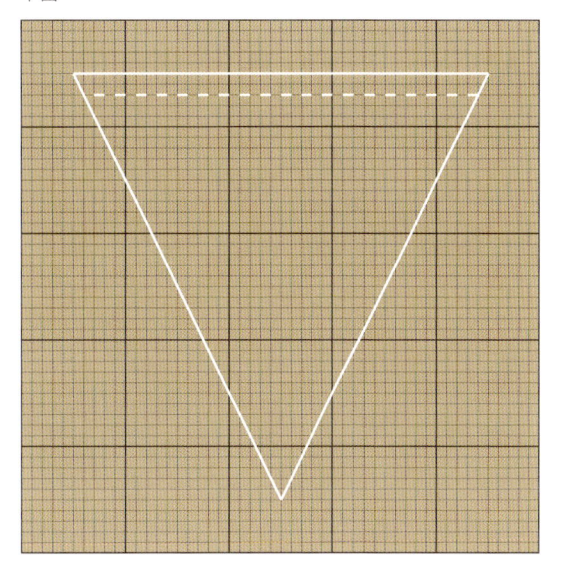

クロスステッチ2本どり			バックステッチ	
□ Blanc (白)	■ 817	■ 498	— Blanc (白)	— 817

73

74

Leçon de biscornu et points, pompon & fil retordu

ビスコーニュの基本と
ステッチ、タッセル&よりひも

基本のビスコーニュの作り方

作品：P.6, 8, 10, 20-21, 26, 33, 38-39, 53, 62

材料
- ●刺しゅう布　アイーダ14カウント（10cmあたり55目）：
  - ナチュラル 11×11cmを1枚
  - ポーラーブルー（Charles Craft）11×11cmを1枚
- ●DMCの刺しゅう糸：1束
- ●化繊綿
- ●直径約1.5cmの二つ穴ボタン 2個
- ●出来上がりサイズ 約8×8cm

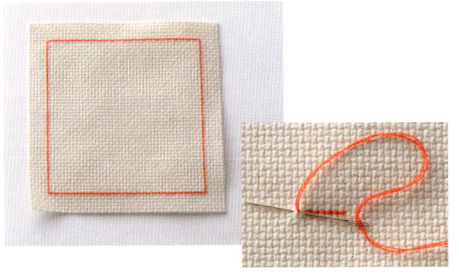

1 刺しゅう糸2本どりで、48×48目分をバックステッチで1周します。リネンの場合は、織り糸2本を1目。アイーダの場合は、布目が大きいので1目ずつすくいます。

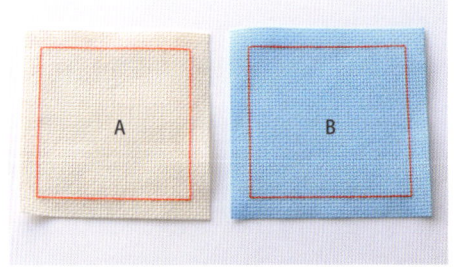

2 布はAとBの2枚用意します。

3 バックステッチした布を裏返し、周囲をアイロンで内側に折り込みます。

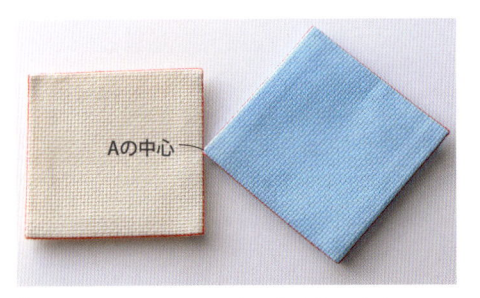

4 A布の1辺の中心にB布の角をあてます。

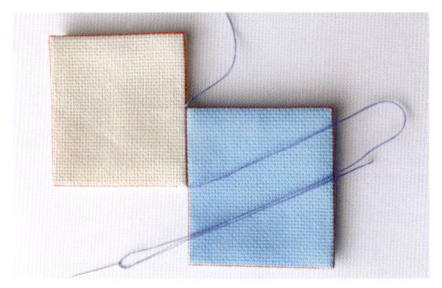

5 B布の角から中心まで、刺しゅう糸2本どりで巻きかがり縫いをします。最初の糸端10cmは表に残しておきましょう。

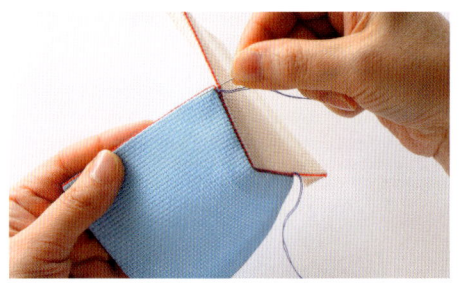

6 A布とB布の布目はすくわず、周囲のバックステッチを1目ずつすくっていきます。糸で割らないように、バックステッチ同士を巻きかがっていきます。

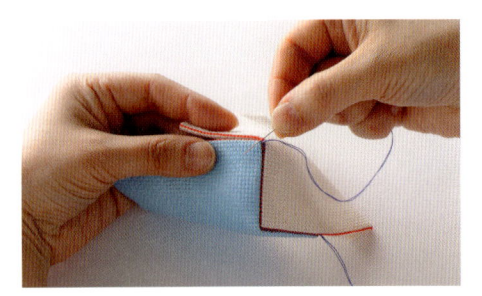

7 残りの部分もA布とB布の角と中心を交互に合わせながらバックステッチをすくい、巻きかがります。

8 1周縫ったら綿を詰める口は開けておき、綿を詰めます。

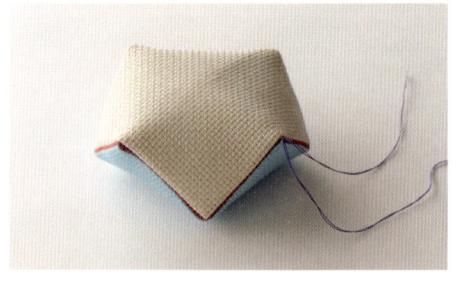

9 最後の目まで巻きかがります。

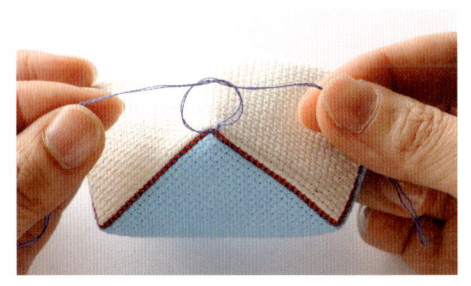

10 残った糸と最初に表に出しておいた糸を結んで留めます。糸を針に通して縫い目に引き込んで糸を切ります。

11 表面と裏面の中心に針を通し、ボタンをつけて引き締めます。

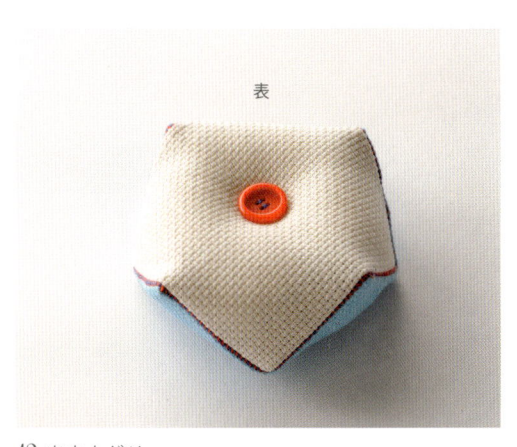

表　　　　裏

12 出来上がり

15面体の"ビスコフラワー"の作り方

作品：P.54

材料
- ●刺しゅう布　アイーダ 14カウント（10cmあたり55目）：
  7×7cmを合計15枚
  ナチュラル 7×7cmを5枚
  ポーラーブルー（Charles Craft）7×7cmを5枚
  グラスホッパー（Charles Craft）7×7cmを5枚
- ●DMCの刺しゅう糸：1束
- ●化繊綿
- ●二つ穴ボタン 直径約1.5cm　2個
- ●出来上がりサイズ 約10×10cm

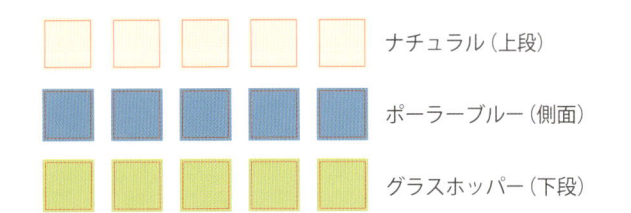

ナチュラル（上段）
ポーラーブルー（側面）
グラスホッパー（下段）

1　基本のビスコーニュの作り方①～③を参照して4×4cmの正方形の布を15枚用意します。

2　刺しゅう糸を二つ折りにして針を通し、1枚目の縫い代の角を少しすくって糸の輪の中を通します。そして糸を引いてしめます。

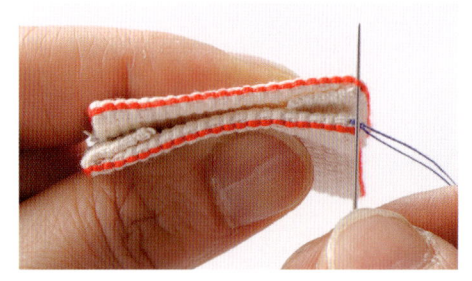

3　2枚目の布の裏を1枚目の布の裏に合わせます。最初の目に裏から針を通します。

4　1枚目の最初の目を裏からすくって引いてしめます。

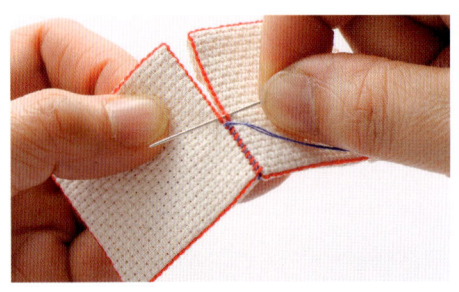

5　2針目からは、2枚目と1枚目の針目を1度にすくって巻きかがっていきます。端まで巻きかがったら糸は切らずに、残しておきます。

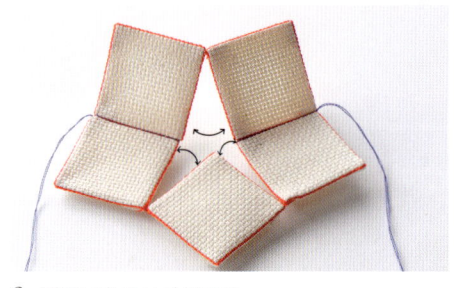

6　同様に巻きかがります。

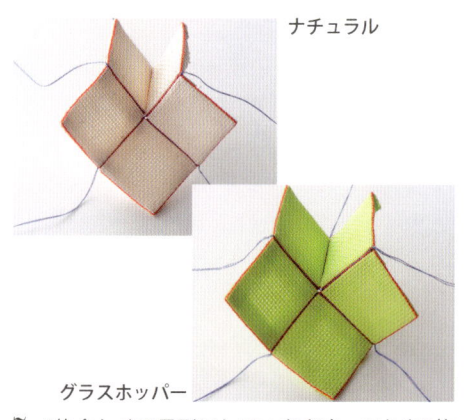

ナチュラル

グラスホッパー

7　5枚合わせて星形にしていきます。これを2枚つくります。

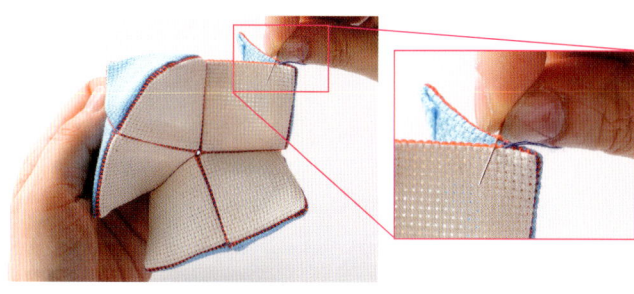

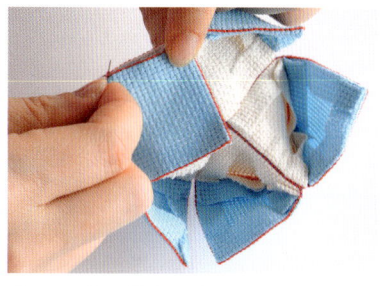

8 7の上段、ナチュラルの裏側に、残しておいた糸で側面のポーラーブルーの布を巻きかがってつけていきます。

9 最後に、下段部分のグラスホッパーを巻きかがってつけていきます。

10 最後の1辺は、綿を詰めるあき口として閉じずに残しておきます。

表　　　裏

11 完成です。

表　　　裏

ボタンをつけた場合

ステッチの種類

クロスステッチ

基本1（単独）

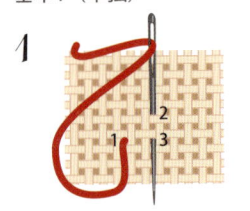

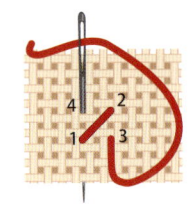

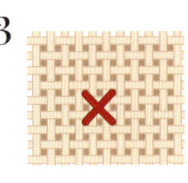

クロスステッチの刺し方として、どちらか一方の糸が常に上になるように刺していくのが基本です。紹介している刺し方以外にも様々な方法があります。

基本2（左右に往復）

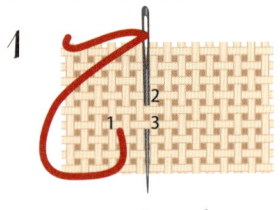

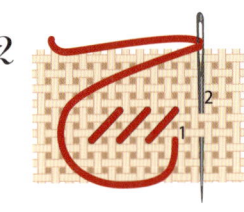

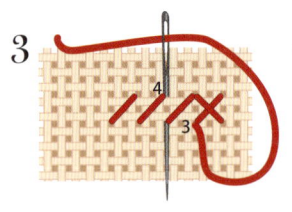

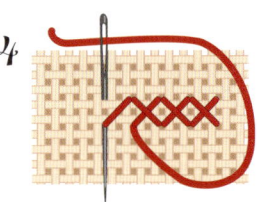

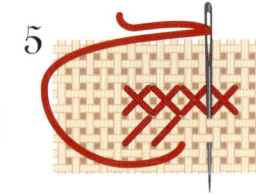

ハーフステッチ

シンプルな対角線のステッチです。クロスステッチの作品に奥行き感を出すために陰影としてハーフステッチを使うこともあります。

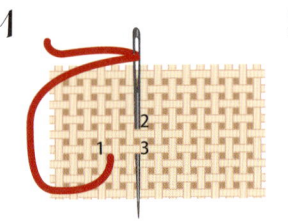

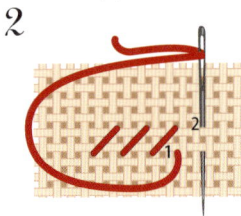

ホルベインステッチ（ダブルランニングステッチ）

線を表現するアウトラインをバックステッチで刺すのが苦手な方には、ホルベインステッチがおすすめです。一目ずつ刺していくバックステッチと違い、ホルベインステッチは一目飛ばしで進み、飛ばした目を埋めるように刺しながら戻ると線になります。

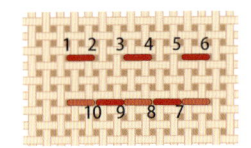

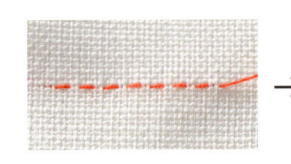

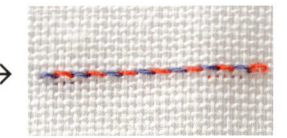

リヴァイアサン・ステッチ／ダブル・リヴァイアサン・ステッチ

クロスステッチにさらに縦横十字に刺していくのが「リヴァイアサン」、「ダブル・リヴァイアサン」ステッチです。糸が重なるので立体感があります。

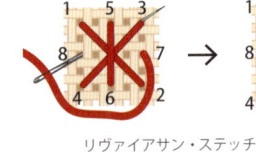

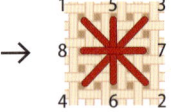

リヴァイアサン・ステッチ

ダブル・リヴァイアサン・ステッチ

フレンチノット

糸の引き加減や糸を巻きつける回数で小さくしたりボリューム感を持たせたりできます。

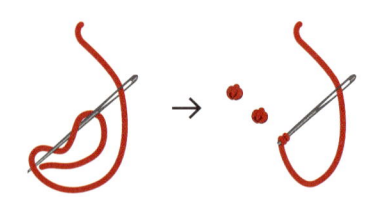

タッセルとよりひもの作り方

小さなタッセルの作り方

材料
- 25番刺しゅう糸DMC817、498
- ミシン糸（ビーズの穴に2本通る太さのもの）

用意するもの
- 厚紙　6×6㎝　中に穴を開けておく
- 櫛
- コピー用紙程度の厚さの紙

できあがり寸法
- 約2.5㎝

作り方

1. 817の刺しゅう糸、約150㎝を1本ずつ引き抜いてから6本揃えてアイロンをかけ糸のうねりをとる。厚紙に12回巻く。
2. 中心をミシン糸で巻き、結ぶ。厚紙に巻いた刺しゅう糸の上下を切って、厚紙からはずす。
3. もう一度巻いて、しっかり結ぶ。
4. 刺しゅう糸の房をさげて、櫛でとかす。
5. 498の刺しゅう糸を図のように置き、指で押さえながら3～4回巻きつける。
6. つくっておいた輪にaを通す。
7. aとbをそれぞれ反対方向に引っぱって締める。
8. aをクロスステッチ針に通して巻いた糸の上側に出す。
9. aとbをそれぞれ針に通して房の側に出す。
10. タッセルに紙を巻いて、房の先を揃えて切る。

P.8の「アジアの糸」では、この後、ミシン糸にビーズを通してから、ビスコーニュの4隅に縫い付けています。ビーズのサイズはお好みに合わせて調整してください。

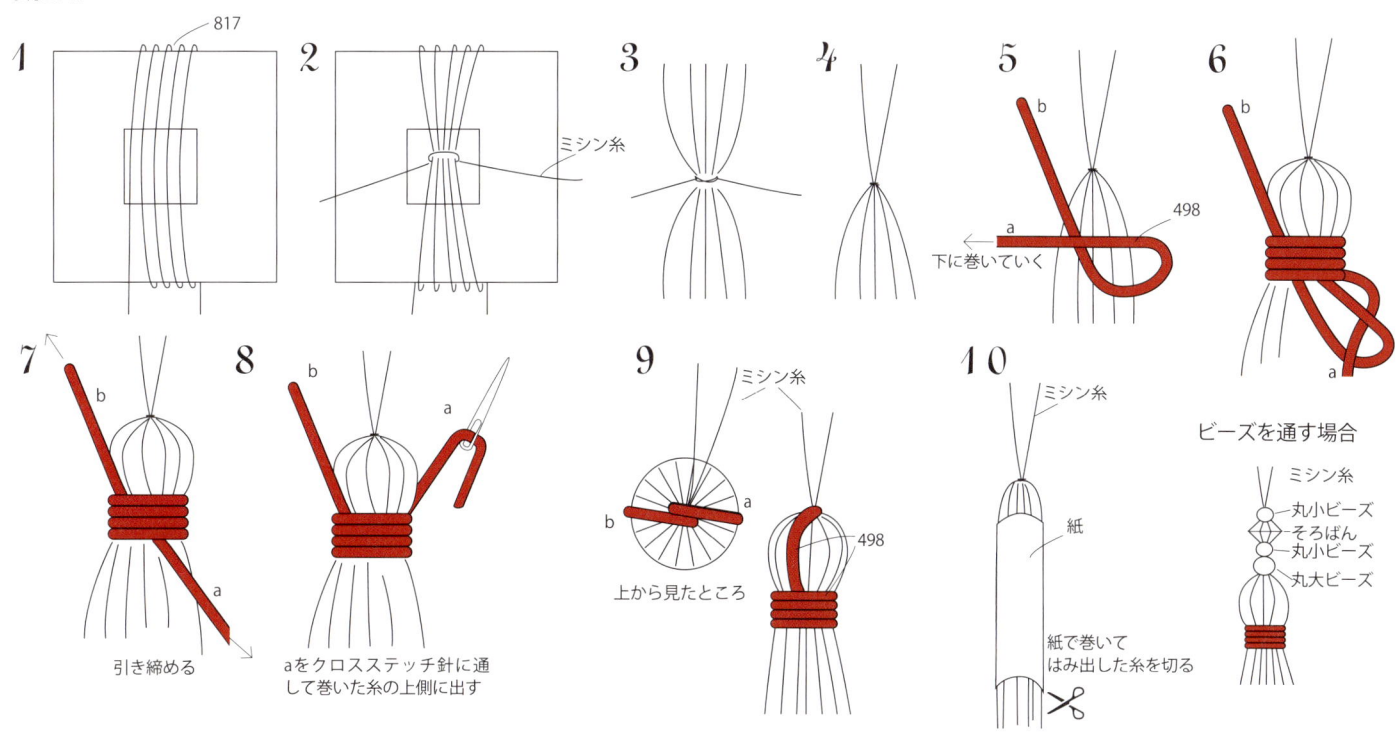

よりひもの作り方

材料
- 25番刺しゅう糸（6本どりで使用）

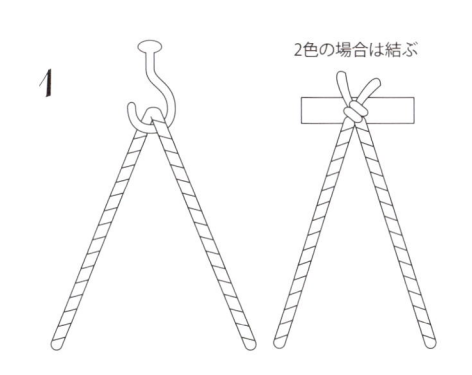

作り方

1. できあがりに必要な長さの2.5倍の刺しゅう糸を用意する。2色の場合は、1.3倍程度を2本、片方を結んでおく。フックなどにかけるか、セロテープで中央を机などに留める。
2. それぞれの糸を反時計回りにねじって糸によりをかける。
3. よりをかけた糸を合わせて時計回りにねじってよりをかける。戻ってしまわないように端を結ぶか、セロテープで巻いておく。

Le matériel 材料＆道具

― 生地 ―
この本で紹介している作品はすべて、リネン（麻布）に刺しゅうしています。リネンは、織り糸が不規則で上級者向け。ナチュラルからアイボリー、そしてブルーからピンクまで美しい色が揃います。

アイーダ
クロスステッチに最適の布。縦横の織り糸が正方形に分割されているブロック織りで、布目が規則正しくきれいに揃っています。目数が数えやすいので、スピーディー＆正確にステッチが仕上がります。大作や複雑な作品も楽々。初心者はまず、このタイプの布をチョイスしましょう。カラーバリエーションも豊富です。

リネン＆エタミン
一般的にはクロスステッチ上級者向けの布。この手の布にステッチを刺すのはより経験を要します。布目がとても細かいので、根気強さと、視力の良さが必要になります。エタミンは、布目は細かいものの、縦横の織り糸が規則正しく揃っているので、目数は数えやすいでしょう。刺繍用リネンのほうが、布目は不規則です。2目ごとにステッチするのが一般的ですが、1目ごとに刺す場合もあります。その場合、より緻密な作業になるので、ルーペは欠かせません。

― 刺しゅう道具 ―
刺しゅう針
クロスステッチを刺すには、針先が丸いクロスステッチ針を使うのがおすすめです。布目を傷めることがありません。1本どり、2本どり、または3本どりに応じて、針穴は比較的大きめです。
・クロスステッチは普通、2本どりでステッチを刺すので、24番の針がベスト。
・26番の針は、1本どりで刺す場合や、バックステッチなどを刺す場合に使う。

刺しゅう枠
布をぴんと張り、きれいなステッチを刺すために欠かせません。一番使いやすいのは、木製の円形2つを重ねたタイプのもの。サイズは各種あります。ステッチする図案の周りに少し余白ができる大きさのものを選びましょう。布をはさむときには、布目がまっすぐになっているかを確認してから、枠のねじをしめます。

糸
この本で紹介している作品はすべて、DMCの刺しゅう糸を使っています。DMCの刺しゅう糸は、カラーのバリエーションが500種類ほどあるので、繊細なニュアンスを表現でき、洗練された作品に仕上がります。刺しゅうには25番刺しゅう糸がよく使われ、クロスステッチでは多くの人がこの糸を使います。6本の細い糸がより合わさっていて、簡単に1本ずつ引き抜くことができます。

その他の道具
この本で紹介している作品を作るためには、最低限の裁縫道具も必要です。指ぬき、糸、針。また、刺しゅう糸を切るために小さな手芸用ハサミ、そしてリネンや木綿布を切るために裁ちバサミ。接着芯は、貼ることで表地を固くして補強します。

仕上げ
ステッチが完成したら、刺しゅう枠から布を外して、はみ出ている糸端をていねいに切り、中心にしつけした糸を取り除きます。水で軽く手洗いしてから清潔な布の上に置いて乾かし、完全に乾ききる前に厚地のタオルの上に移し、裏からアイロンをかけます。これで準備完了。ビスコーニュにするだけでなく、手を加えて作品に仕上げましょう。

Dimension de la broderie et nombre de points
刺しゅうの出来上がりサイズと目数

ステッチを始める前に
・布を選んだら、後に述べる方法で図案の出来上がりサイズを割り出し、布をカットします。図案のモチーフをステッチしやすいように、余裕を持たせましょう。また、額に入れる場合や、縫い合わせて作品に仕上げる場合は、モチーフの周りに余白を持たせることも忘れずに。

・布をカットしたら、ほつれ防止のために縁をかがる。

・布を4つ折りにして中心を見つける。複雑な図案をステッチする場合は、縦と横の中心線をしつけ糸で縫っておけば目印となり、ステッチが刺しやすくなります（ステッチが仕上がったらしつけ糸は取り除くので、きつく刺しすぎないこと）。

チャート
チャートは小さな方眼状になっていて、それぞれのマス目の色は、ステッチに使う糸の色と対応しています。各色の番号は、DMCの刺しゅう糸に対応しています。

チャートをカラーコピーで拡大すれば、見やすくなって、作業がはかどるでしょう。

カウントについて
「Counted」の略で、「ct」と表記し、1インチ（2.54cm）の中に布目が何目あるのかをいいます。例えば、11ctは、1インチに11目あるという意味で、カウント数が増えるにしたがって目は細かくなっていきます。

出来上がりサイズ
出来上がりサイズは、使う布の目数によって変わってきます。1cmあたりの目数が多ければ多いほど、ステッチの数は多くなり、モチーフは小さくなります。出来上がりが何cmになるかを割り出すには、次の方法にしたがって計算してください。

1. 布1cmあたりの目数を、何目ごとにステッチするかで割り、1cmあたりのステッチの数を割り出します。
例）1cm＝11目の布に2目刺しする場合、ステッチは1cmあたり5.5目（11目÷2目ごと）。

2. チャートのステッチ数（幅＆高さのマス目の数）を数え、その数を5.5で割れば、出来上がりサイズが割り出せます。
例）：250目（幅）×550目（高さ）の場合
幅：250÷5.5＝約45cm
高さ：550÷5.5＝約100cm

P. 84-85は、目数と刺しゅうの出来上がりサイズがわかる便利な一覧表になっています。この早見表を利用すれば、違う目数のリネンを使ってもすぐに刺しゅうのサイズを知ることができます。

> 本書では、クロスステッチは2本どり2目刺し、バックステッチ、ハーフステッチ、フレンチノットは1本どりで刺しゅうしています。糸の本数について指定がある場合は、各チャートに明記してあります。

目数と出来上がりサイズ早見表

この表で、リネン（麻布）の織り糸2本を1目としたとき（2目刺し）の刺しゅうの出来上がりサイズがわかります。
例えば、1cmあたり織り糸が10本のリネン（麻布）を使う場合、10目刺した時の刺しゅうサイズは2cmとなります。

〈リネンの織り糸の本数〉

本/cm	10	11	12	14	16
目/cm	5	5.5	6	7	8

〈目数〉

目数	10	11	12	14	16
5	1				
6	1.2	1.1	1		
7	1.4	1.3	1.2	1	
8	1.6	1.5	1.3	1.1	1
9	1.8	1.6	1.5	1.3	1.1
10	2	1.8	1.7	1.4	1.3
11	2.2	2	1.8	1.6	1.4
12	2.4	2.2	2	1.7	1.5
13	2.6	2.4	2.2	1.9	1.6
14	2.8	2.5	2.3	2	1.8
15	3	2.7	2.5	2.1	1.9
16	3.2	2.9	2.7	2.3	2
17	3.4	3.1	2.8	2.4	2.1
18	3.6	3.3	3	2.6	2.3
19	3.8	3.5	3.2	2.7	2.4
20	4	3.6	3.3	2.9	2.5
21	4.2	3.8	3.5	3	2.6
22	4.4	4	3.7	3.1	2.8
23	4.6	4.2	3.8	3.3	2.9
24	4.8	4.4	4	3.4	3
25	5	4.5	4.2	3.6	3.1
26	5.2	4.7	4.3	3.7	3.3
27	5.4	4.9	4.5	3.9	3.4
28	5.6	5.1	4.7	4	3.5
29	5.8	5.3	4.8	4.1	3.6
30	6	5.5	5	4.3	3.8
31	6.2	5.6	5.2	4.4	3.9
32	6.4	5.8	5.3	4.6	4
33	6.6	6	5.5	4.7	4.1
34	6.8	6.2	5.7	4.9	4.3
35	7	6.4	5.8	5	4.4
36	7.2	6.5	6	5.1	4.5
37	7.4	6.7	6.2	5.3	4.6
38	7.6	6.9	6.3	5.4	4.8

本/cm	10	11	12	14	16
目/cm	5	5.5	6	7	8
39	7.8	7.1	6.5	5.6	4.9
40	8	7.3	6.7	5.7	5
41	8.2	7.5	6.8	5.9	5.1
42	8.4	7.6	7	6	5.3
43	8.6	7.8	7.2	6.1	5.4
44	8.8	8	7.3	6.3	5.5
45	9	8.2	7.5	6.4	5.6
46	9.2	8.4	7.7	6.6	5.8
47	9.4	8.5	7.8	6.7	5.9
48	9.6	8.7	8	6.9	6
49	9.8	8.9	8.2	7	6.1
50	10	9.1	8.3	7.1	6.3
51	10.2	9.3	8.5	7.3	6.4
52	10.4	9.5	8.7	7.4	6.5
53	10.6	9.6	8.8	7.6	6.6
54	10.8	9.8	9	7.7	6.8
55	11	10	9.2	7.9	6.9
56	11.2	10.2	9.3	8	7
57	11.4	10.4	9.5	8.1	7.1
58	11.6	10.5	9.7	8.3	7.3
59	11.8	10.7	9.8	8.4	7.4
60	12	10.9	10	8.6	7.5
61	12.2	11.1	10.2	8.7	7.6
62	12.4	11.3	10.3	8.9	7.8
63	12.6	11.5	10.5	9.0	7.9
64	12.8	11.6	10.7	9.1	8
65	13	11.8	10.8	9.3	8.1
66	13.2	12	11	9.4	8.3
67	13.4	12.2	11.2	9.6	8.4
68	13.6	12.4	11.3	9.7	8.5
69	13.8	12.5	11.5	9.9	8.6
70	14	12.7	11.7	10	8.8
71	14.2	12.9	11.8	10.1	8.9
72	14.4	13.1	12	10.3	9

〈出来上がりサイズ、単位はcm〉

〈リネンの織り糸の本数〉

本/cm	10	11	12	14	16
目/cm	5	5.5	6	7	8
〈目数〉 73	14.6	13.3	12.2	10.4	9.1
74	14.8	13.5	12.3	10.6	9.3
75	15	13.6	12.5	10.7	9.4
76	15.2	13.8	12.7	10.9	9.5
77	15.4	14	12.8	11	9.6
78	15.6	14.2	13	11.1	9.8
79	15.8	14.4	13.2	11.3	9.9
80	16	14.5	13.3	11.4	10
81	16.2	14.7	13.5	11.6	10.1
82	16.4	14.9	13.7	11.7	10.3
83	16.6	15.1	13.8	11.9	10.4
84	16.8	15.3	14	12	10.5
85	17	15.5	14.2	12.1	10.6
86	17.2	15.6	14.3	12.3	10.8
87	17.4	15.8	14.5	12.4	10.9
88	17.6	16	14.7	12.6	11
89	17.8	16.2	14.8	12.7	11.1
90	18	16.4	15	12.9	11.3
91	18.2	16.5	15.2	13	11.4
92	18.4	16.7	15.3	13.1	11.5
93	18.6	16.9	15.5	13.3	11.6
94	18.8	17.1	15.7	13.4	11.8
95	19	17.3	15.8	13.6	11.9
96	19.2	17.5	16	13.7	12
97	19.4	17.6	16.2	13.9	12.1
98	19.6	17.8	16.3	14	12.3
99	19.8	18	16.5	14.1	12.4
100	20	18.2	16.7	14.3	12.5
101	20.2	18.4	16.8	14.4	12.6
102	20.4	18.5	17	14.6	12.8
103	20.6	18.7	17.2	14.7	12.9
104	20.8	18.9	17.3	14.9	13
105	21	19.1	17.5	15	13.1
106	21.2	19.3	17.7	15.1	13.3

本/cm	10	11	12	14	16
目/cm	5	5.5	6	7	8
107	21.4	19.5	17.8	15.3	13.4
108	21.6	19.6	18	15.4	13.5
109	21.8	19.8	18.2	15.6	13.6
110	22	20	18.3	15.7	13.8
111	22.2	20.2	18.5	15.9	13.9
112	22.4	20.4	18.7	16	14
113	22.6	20.5	18.8	16.1	14.1
114	22.8	20.7	19	16.3	14.3
115	23	20.9	19.2	16.4	14.4
116	23.2	21.1	19.3	16.6	14.5
117	23.4	21.3	19.5	16.7	14.6
118	23.6	21.5	19.7	16.9	14.8
119	23.8	21.6	19.8	17	14.9
120	24	21.8	20	17.1	15
121	24.2	22	20.2	17.3	15.1
122	24.4	22.2	20.3	17.4	15.3
123	24.6	22.4	20.5	17.6	15.4
124	24.8	22.5	20.7	17.7	15.5
125	25	22.7	20.8	17.9	15.6
126	25.2	22.9	21	18	15.8
127	25.4	23.1	21.2	18.1	15.9
128	25.6	23.3	21.3	18.3	16
129	25.8	23.5	21.5	18.4	16.1
130	26	23.6	21.7	18.6	16.3
131	26.2	23.8	21.8	18.7	16.4
132	26.4	24	22	18.9	16.5
133	26.6	24.2	22.2	19	16.6
134	26.8	24.4	22.3	19.1	16.8
135	27	24.5	22.5	19.3	16.9
136	27.2	24.7	22.7	19.4	17
137	27.4	24.9	22.8	19.6	17.1
138	27.6	25.1	23	19.7	17.3
139	27.8	25.3	23.2	19.9	17.4
140	28	25.5	23.3	20	17.5

〈出来上がりサイズ、単位はcm〉

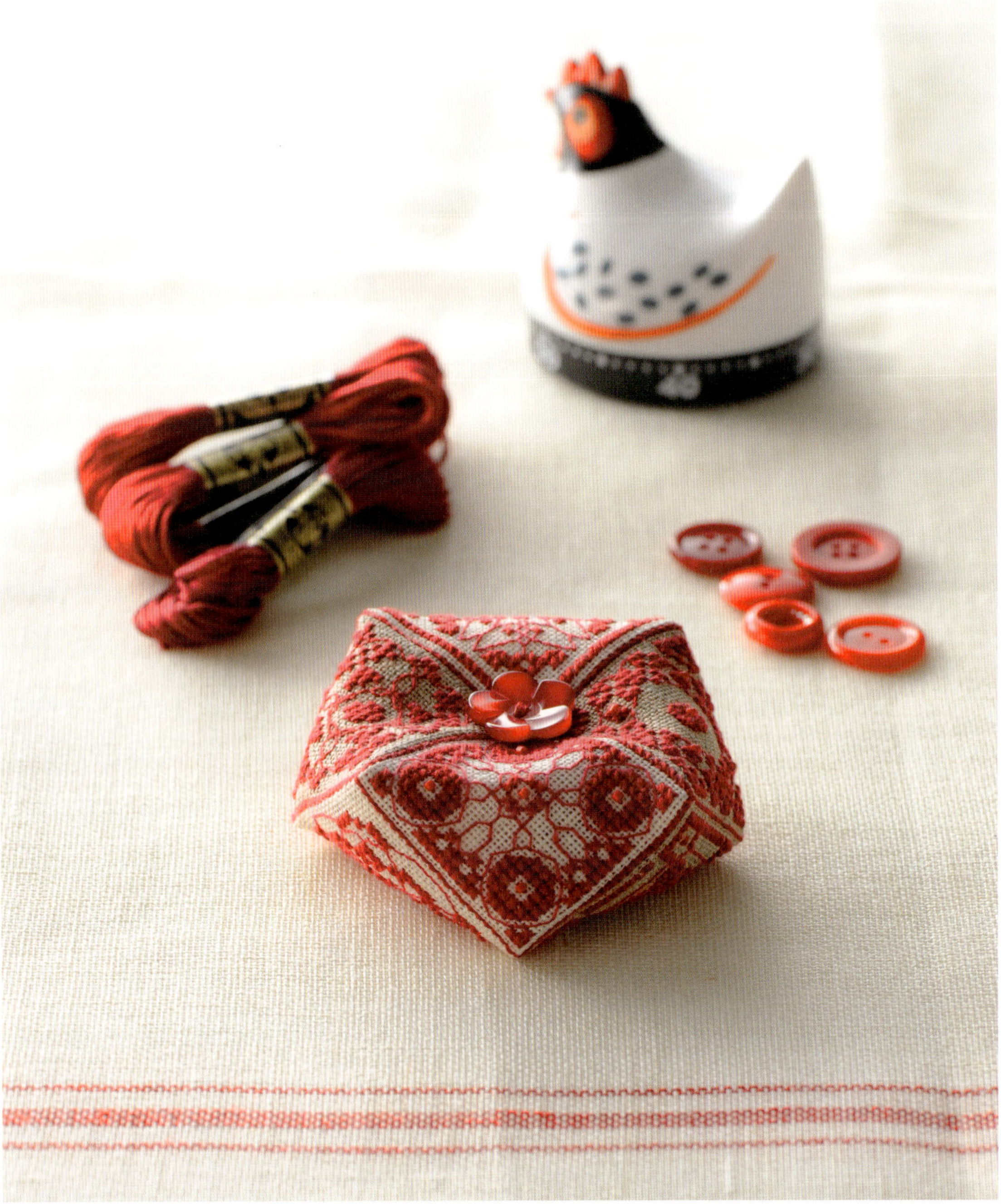

Réalisation des ouvrages
作品の作り方

Monochrome rouge
赤いビスコーニュ・・・Photo P.6　Chart P.7

材料
- 刺しゅう布　麻布（ホワイト12目／cm）：11×11cmを2枚
- DMCの刺しゅう糸：817　1束
- 化繊綿
- ビーズ　ラウンド型ビーズ3mm（白）：16個　（TOHOキャッツアイビーズなど）
　　　　　ソロバン型ビーズ3mm（赤）：10個

出来上がりサイズ
- 約8.5×8.5cm

刺しゅうのサイズ
- 8.7×8.7cm

作り方は基本のビスコーニュを参照。
赤いビスコーニュは、それぞれの辺と辺が合わさった部分の先端に白2個と赤1個のビーズを縫い付け、表と裏中央に赤いビーズを縫い付ける。

Monochrome blanc
白いビスコーニュ・・・Photo P.6　Chart P.7

材料
- 刺しゅう布　麻布（ナチュラル12目／cm）：10×10cmを2枚
- DMCの刺しゅう糸：Blanc（白）1束
- 化繊綿
- ビーズ　二つ穴ボタン1.3cm1個、1cm1個
　　　　　そろばん型（ダイヤ型）ビーズ3mm　1個

出来上がりサイズ
- 約7.8×7.8cm

刺しゅうのサイズ
- 8×8cm

作り方は基本のビスコーニュを参照。
白いビスコーニュは、表面にはボタンとビーズを、裏面にはボタンのみ、それぞれ面の中央を窪ませるように縫い付ける。

Un brin d'Asie
アジアの糸…Photo P.8　Chart P.9

材料
- 刺しゅう布　麻布（ホワイト12目／cm）：13×13cmを2枚
- DMCの刺しゅう糸：817、498、Blanc（白）1束ずつ
- 化繊綿
- ビーズ　ビーズ ソロバン型（ダイヤ型）ビーズ　3mm（赤）：4個
  　　　　丸小ビーズ（シルバー）：8個
  　　　　丸大ビーズ（白）：4個
  　　　　小さなタッセル（赤）：4個

出来上がりサイズ
- 約10×10cm

刺しゅうのサイズ
- 10.5×10.5cm

作り方は基本のビスコーニュを参照。
表の面の辺の中央にビーズを通した小さなタッセルを4個縫い付ける。タッセルの作り方は81ページを参照してください。

Coussin Il était une fois
おとぎ話のクッション…Photo P.10　Chart P.12

材料
- 刺しゅう布　麻布（ホワイト12目／cm）：12×12cmを2枚
- DMCの刺しゅう糸：498、117各1束
- 化繊綿
- 山道テープ（赤）：50cm
- 特小ビーズ：（約40個）

出来上がりサイズ
- 約10×10cm

刺しゅうのサイズ
- 10×10cm

作り方
1. 基本のビスコーニュの作り方を参考にモチーフを2枚作る。
2. 縫い代を折った正方形の生地を外表に重ねて待ち針で留める。
3. 刺しゅうの周囲をバックステッチでかがって縫い合わせる。閉じる前に化繊綿を詰める。
4. ピンクッションの周囲に山道テープとビーズを等間隔に縫い付ける。

Biscornu aux oiseaux avec face tissu
鳥かごモチーフのビスコーニュ…Photo P.10　Chart P.13

材料
- 刺しゅう布　麻布（ナチュラル12目／cm）：15×15cm
- DMCの刺しゅう糸：498、Blanc（白）各1束
- 表布（赤のギンガムチェック）：15×15cm
- 化繊綿

出来上がりサイズ
- 約12.5×12.5cm

刺しゅうのサイズ
- 12.8×12.8cm

作り方は基本のビスコーニュを参照。
片面はギンガムチェックの生地を使う。

Cube Rouge Passion
赤いパッションのキューブ···Photo P.14　Chart P.15

材料
- 刺しゅう布　麻布（ナチュラル12目／cm）：8×8cmを6枚
- DMCの刺しゅう糸：498、817、Blanc（白）各1束
- 化繊綿
- ビーズ　丸大ビーズ（赤）約35個
  　　　　特小ビーズ（白）約138個。持ち手だけなら72個。

出来上がりサイズ
- 5.2×5.2×5.2cm

刺しゅうのサイズ
- 5.2×5.2cm

作り方
- 基本のビスコーニュ①〜④を参考に6枚のモチーフを準備する。

1. [Passion]と[Amour]を巻きかがる。
2. [Amitié]と[Chance]を巻きかがる。
3. 1と2を外表で合わせ、巻きかがって筒状にする。
4. キューブの上面を載せ、ぐるりと1周かがる。
5. 底面も4と同様に巻きかがりながら化繊綿を詰め、口を閉じる。
6. 丈夫な糸に白ビーズ2個、赤ビーズ1個を交互に通し、半分に折ってキューブの角に縫いとめる。

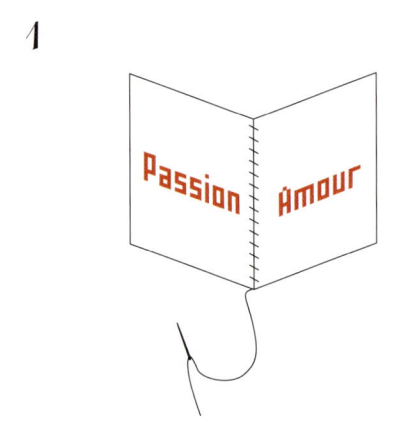

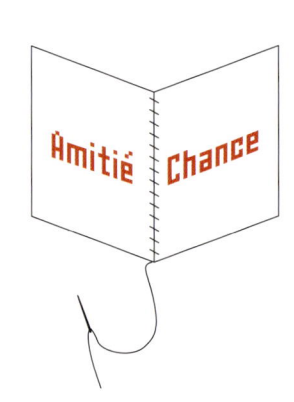

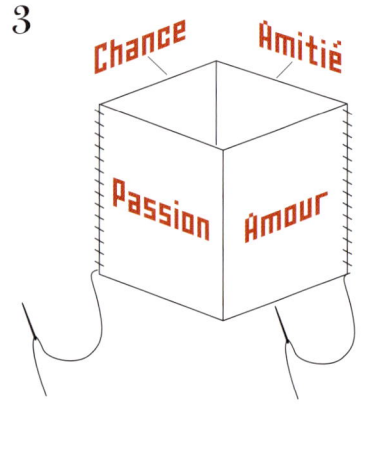

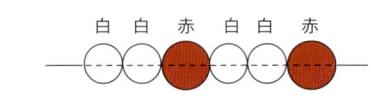

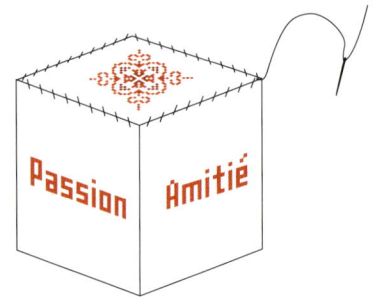

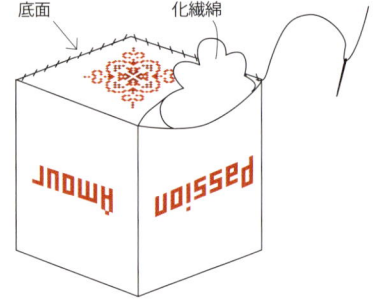

Biscornu à 15 faces
15面体のビスコーニュ･･･Photo P.16　Chart P.17

材料
- 刺しゅう布　麻布（ホワイト12目／cm）：6×6cmを15枚
- DMCの刺しゅう糸：817、Blanc（白）各1束
- 化繊綿
- ボタン　1.2cmの二つ穴ボタン（赤）：2個

出来上がりサイズ
- 直径約9cm

刺しゅうのサイズ
- 3.7×3.7cm

作り方

・基本のビスコーニュ①～④を参考に15枚のモチーフを準備する。

1. AとBの1辺を巻きかがる。CとDも同様にする。糸は切らずに残しておく。
2. Eを挟んでAとCを巻きかがる。BとDもかがって一枚の星形にする。別の5枚も同様にして星形を計2枚準備する。
3. 2枚の星形の辺同士を残っているモチーフ5枚でかがって側面を作り込んでいく。
4. 最後の1辺は残してかがる。あき口から化繊綿を詰め、最後の辺をかがって口を閉じる。
5. ビスコーニュの中心部分は、表と裏の両面にボタンをつける。上下貫通させるように糸を通し、ボタンを2個を縫い付ける。中心がへこむように糸を引いて留める。

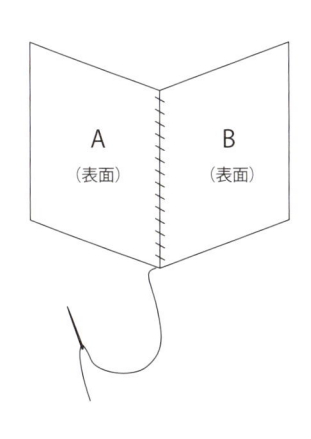

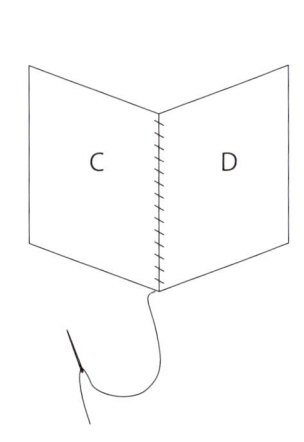

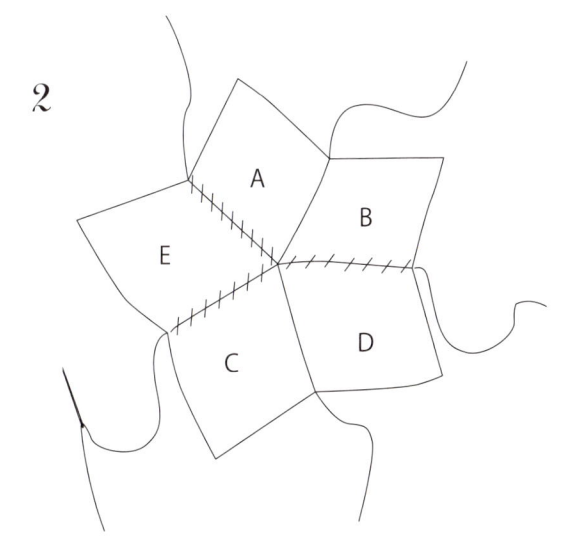

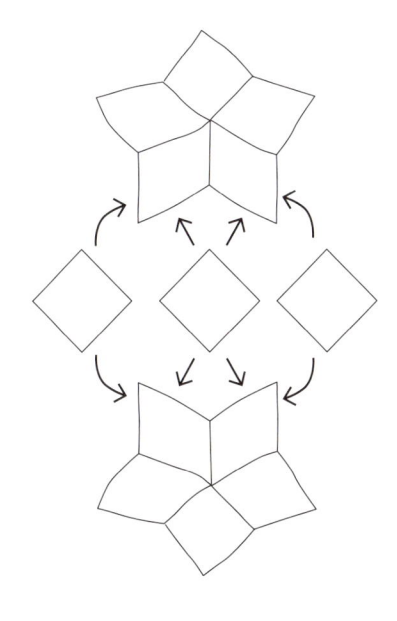

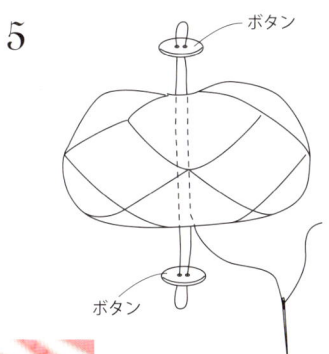

Au royaume du fil
糸の王国で･･･ Photo P.19-21　Chart P.22-23

材料
- ●刺しゅう布　麻布（ホワイト14目／cm）：14×14cmを2枚
- ●DMCの刺しゅう糸：3608、211、3607、917各1束
- ●化繊綿
- ●ビーズ　丸大ビーズ（白）：2個
　　　　　特小ビーズ（白）：164個または適宜

出来上がりサイズ
- ●約11.5×11.5cm

刺しゅうのサイズ
- ●11.7×11.7cm

作り方は基本のビスコーニュを参照。
ビスコーニュの縫い目に、特小ビーズをバックステッチで等間隔に縫い付ける。

Galons, rubans & co
ブレード、リボン＆co･･･ Photo P.20-21　Chart P.24-25

材料
- ●刺しゅう布　麻布（ホワイト14目／cm）：13×13cmを2枚
- ●DMCの刺しゅう糸：3608、211、3607、917各1束
- ●化繊綿

出来上がりサイズ
- ●約10.5×10.5cm

刺しゅうのサイズ
- ●10.7×10.7cm

作り方は基本のビスコーニュを参照。

Biscornu baroque
バロックモチーフのビスコーニュ･･･ Photo P.26　Chart P.27

材料
- ●刺しゅう布　麻布（14目／cm）：茄子色12×12cm、ライラック色：12×12cm
- ●DMCの刺しゅう糸：3608、917各1束
- ●化繊綿
- ●6mmラウンド型あるいは丸いビーズ（紫）：2個
　　特小ビーズ（ピンク）適宜

出来上がりサイズ
- ●約9.3×9.3cm

刺しゅうのサイズ
- ●9.6×9.6cm

作り方は基本のビスコーニュを参照。
表面と裏面の中央に、紫のパールビーズを縫い付ける。紫のパールビーズを囲むようにピンクのビーズで縫い付け、中心を窪ませる。

L'étoile à 8 branches
お星さまのビスコーニュ・・・Photo P.28　Chart P.29

材料
- 刺しゅう布　麻布（ホワイト12目／cm）：11×11cmを2枚
- DMCの刺しゅう糸：3608、211、3607、917各1束
- 化繊綿
- ビーズ　丸大ビーズ（白）：8個
  　丸小ビーズ（赤）：16個
  　そろばん型ビーズ（赤）：2個
  　カットビーズ（紫）：8個

出来上がりサイズ
- 約8×8cm

刺しゅうのサイズ
- 8.3×8.3cm

作り方
1. 基本のビスコーニュ①〜④を参考に星形のモチーフを2枚作る。
2. 丸大ビーズ（赤）をそれぞれの面に8個ずつ縫いつける。
3. 2枚を外表に合わせて周りをバックステッチでかがる。
4. 化繊綿を詰めて最後の辺を縫って閉じる。
5. 表の面の中央に丸大ビーズ（白）を、裏の面には下の図を参考にカットビーズと特小ビーズを交互に真ん中にそろばん型ビーズを挟み込み中心がへこむように縫い付ける。

Coussin aux roses
バラのクッション・・・Photo P.31　Chart P.30

材料
- 刺しゅう布　麻布（ホワイト12目／cm）：13×13cmを2枚
- DMCの刺しゅう糸：3608、211、3607、917各1束
- 化繊綿

作り方
P.89（おとぎ話のクッション）の四角いクッション型のピンクッションの作り方参照。
好きな色の特小ビーズを、花の縁飾りモチーフの部分に縫い付けてもよい。

出来上がりサイズ
- 約10.5×10.5cm

刺しゅうのサイズ
- 10.7×10.7cm

Coussin rond
丸型のクッション・・・Photo P.31　Chart P.30

材料
- 刺しゅう布　麻布（ホワイト12目／cm）：10×10cmを2枚
- DMCの刺しゅう糸：3608、3607、917各1束
- フリルの付いたワイヤー入りブレード（白）：70cm
  　メモ：ワイヤー入りブレードは、ブレードリボン、ブライダルリボンなどの名前でラッピング素材として販売されています。
- 化繊綿
- ビーズ　特小ビーズ（白）適宜

出来上がりサイズ
- 直径約10.5cm（フリルを含む）

刺しゅうのサイズ
- 直径7.8cm

作り方
1. 2枚の正方形の布にそれぞれ刺しゅうをする。
2. モチーフから2cm外側の余分な生地を切り落とし、円形モチーフにする。
3. 2枚の円形を中表に合わせる。モチーフから1cm外側をミシンまたは本返し縫いで（バックステッチの要領で）縫う。返し口はあけておく。
4. 返し口から表に返して化繊綿を詰めたら、返し口を縫って閉じる。
5. ワイヤー入りのフリルをクッションの周囲に縫い付ける。
6. 特小ビーズをフリルの際に等間隔で縫い付ける。

La pagode
パゴダ・・・Photo P.33　Chart P.32

■材料
- 刺しゅう布　麻布（ホワイト12目／cm）：10×10cm、14×14cm
- DMCの刺しゅう糸　3608、211、3607、917各1束
- 化繊綿
- ビーズ　パールボタン：2個
　　　　　クリスタルビーズ：1個

出来上がりサイズ
- 約11.5×11.5cm

刺しゅうのサイズ
- 8.3×8.3cm（上）、11.5×11.5cm（下）

作り方
・基本のビスコーニュ①〜④を参考に大小2枚のモチーフを準備する。

1. a、bを中心に向けて折る。
2. 中心からcまで巻きかがる。
3. 他の辺も同様に巻きかがる。最後に化繊綿を詰めるあき口を残しておく。
4. 【上段】は化繊綿を薄く詰めて、あき口を閉じる。【下段】も同様に作る。【下段】は化繊綿をたっぷり詰める。
5. 図のように重ね、ボタンで【上段】と【下段】をはさみ、糸を引き締めて中心をへこませる。

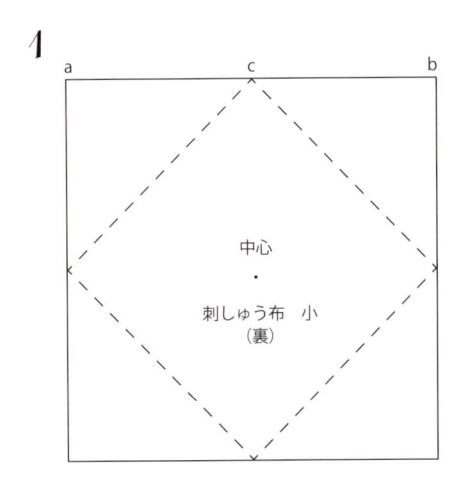

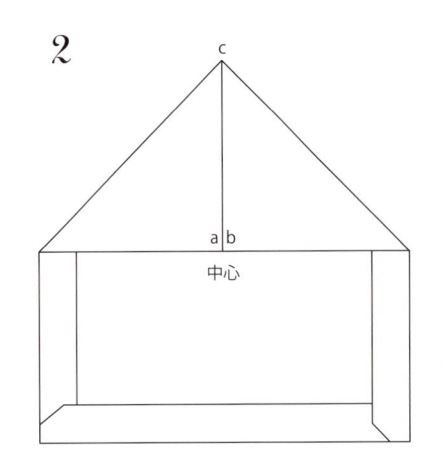

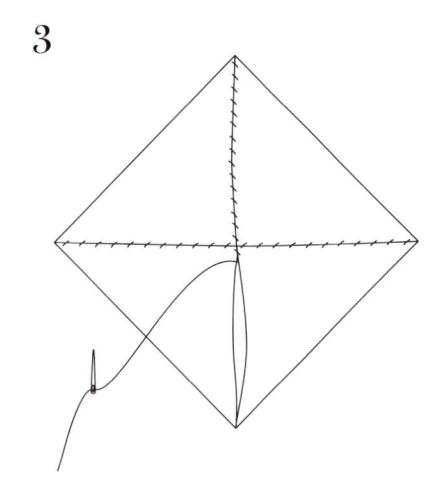

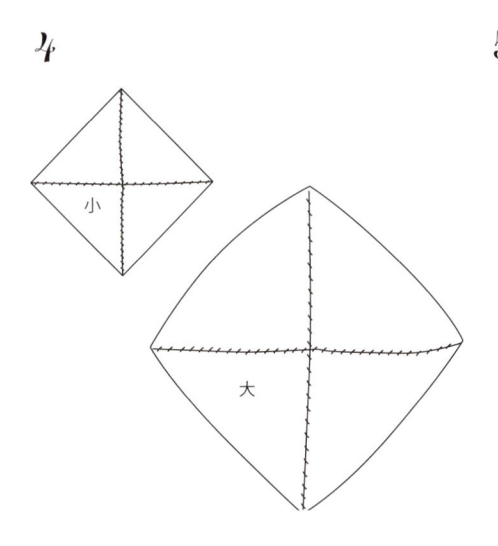

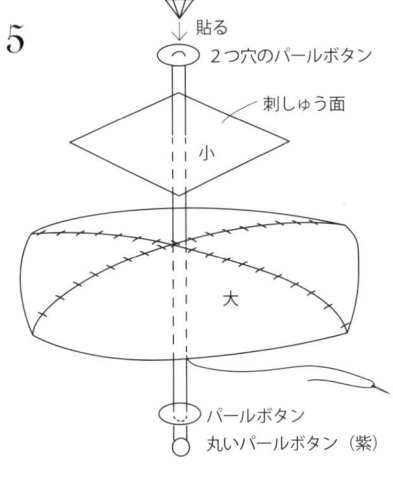

1
a　　c　　b
中心
刺しゅう布　小
（裏）

2
c
a　b
中心

3

4
小
大

5
貼る
2つ穴のパールボタン
刺しゅう面
小
大
パールボタン
丸いパールボタン（紫）

6　出来上がり

Le pique-aiguilles breloque
チャーム風ピンクッション･･･Photo P.35　Chart P.34

材料
- 刺しゅう布　麻布（ホワイト12目／cm）：7×7cmを4枚、7×5cmを8枚
- DMCの刺しゅう糸：3608、211、3607、917各1束
- 化繊綿
- リボン（ピンク）：15cm
- ビーズ等　特小ビーズ（赤と白）
　　　　　　丸大ビーズ（白）
　　　　　　大ビーズ（白）：1個
　　　　　　カット玉8mm（紫）：2個
　　　　　　そろばん型ビーズ3mm：4個
　　　　　　金属のリング6mm：1個

出来上がりサイズ
- 4.8×4.8×4.8cm（ビーズ飾り等を除く）

刺しゅうのサイズ
- 4.8×4.8×4.8cm（四角）
- 4.8×2.4cm（三角）

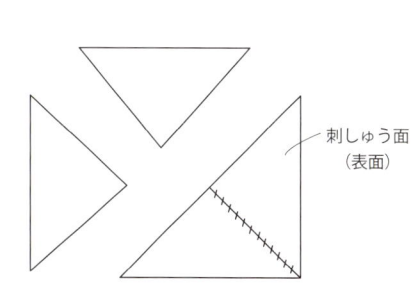

作り方
- 基本のビスコーニュ①～④を参考に四角4枚、三角8枚のモチーフを準備する。

1. 4枚の三角形をかがり合わせ、正方形を作る。残りの4枚も同様にする。
2. P.90のキューブの作り方参照。4枚の側面に、少しへこむような糸の引き加減で、ビーズを1つずつ縫い付ける。
3. 丈夫な糸にビーズを通し、吊すためのツマミ部分と房を作って、上下に付ける。ツマミ部分のビーズの輪にリボンを通して結ぶ。

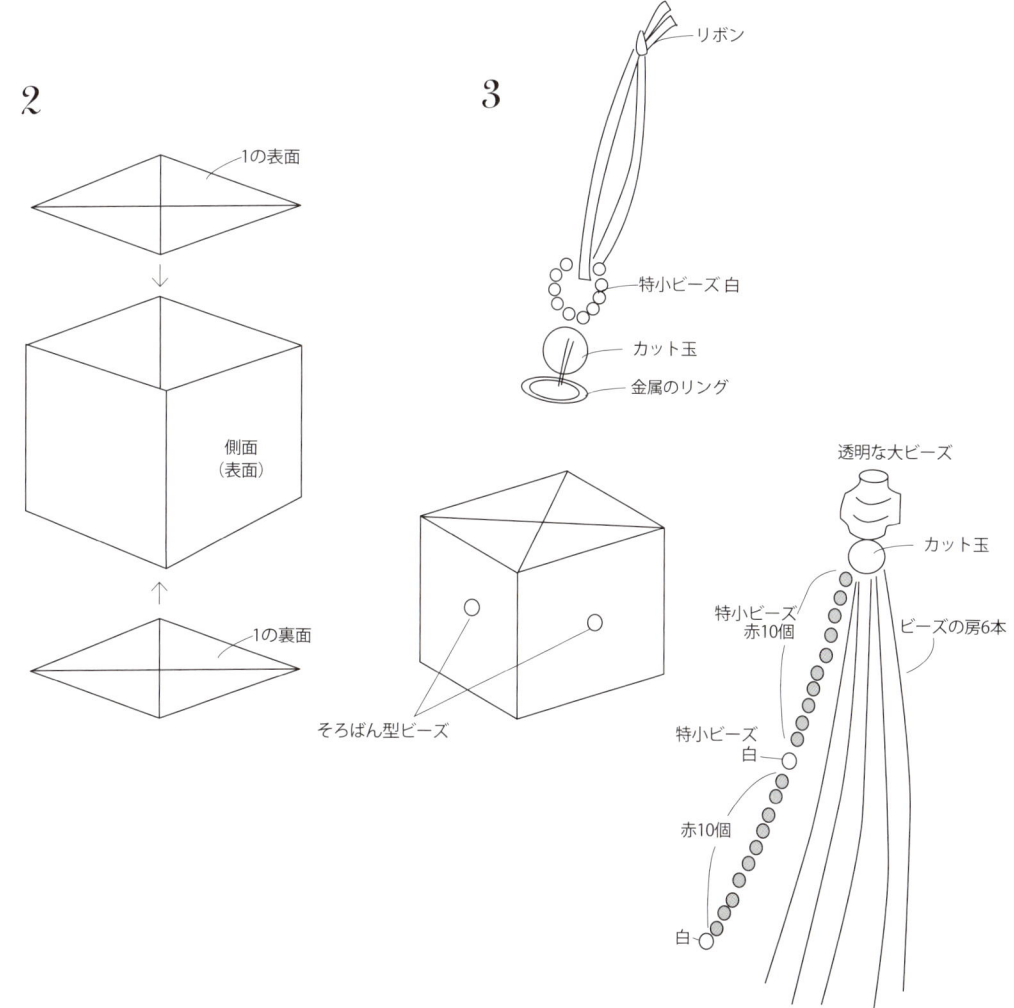

Biscornu fleurs et dentelles
お花とレースのビスコーニュ･･･Photo P.33　Chart P.32

材料
- 刺しゅう布　麻布（ホワイト12目／cm）：　10×10cmを2枚
- DMCの刺しゅう糸：3608、211、3607、917各1束
- 化繊綿
- ビーズ　ビーズ特小ビーズ（赤）：32個

出来上がりサイズ
- 約7.5×7.5cm

刺しゅうのサイズ
- 7.7×7.7cm

作り方は基本のビスコーニュを参照。
赤い特小ビーズをそれぞれの花の中央に縫い付ける。

Biscornu Années Folles
アールデコなビスコーニュ･･･Photo P.38-39　Chart P.40, 41

材料
- 刺しゅう布　麻布（ホワイト12目／cm）：16×16cmを2枚
- DMCの刺しゅう糸：817、498、317、318各1束
- 化繊綿
- ビーズ　四角い貝ボタン（1.5cm）：1個
  　丸い貝ボタン（1.8cm）：1個
  　特小ビーズ（白）：10個（表8個、裏2個）
  　丸大ビーズ（白）1個
  　そろばん型ビーズ　極小（赤）：1個

出来上がりサイズ
- 約12.7×12.7cm

刺しゅうのサイズ
- 13×13cm

作り方は基本のビスコーニュを参照。
グレーの面に丸いボタン、赤い面の中央に四角いボタンをつける。
丸いボタンの上には丸大ビーズを特小ビーズ2個で挟むように縫い付ける。
四角いボタンの上には、そろばん型ビーズを囲むように白の特小ビーズ8個を縫い付ける。

Coussin à franges perlées
パールのフリンジつきクッション···Photo P.42　Chart P.43

材料
- 刺しゅう布　麻布（ホワイト14目／cm）：クッション1つ分8×8cm
- DMCの刺しゅう糸：クッションA　498、817、3706、317、318　各1束
　　　　　　　　　クッションB　498、817、3706、317、318　各1束
　　　　　　　　　クッションC　327、211、318　各1束
- 表布　プリント生地：クッション1つ分8×8cm
- 化繊綿
- ビーズ
クッションA：特小（シルバー）68個、特小（赤）18個、そろばん型（赤）6個、丸小白36個
クッションB：特小（シルバー）42個、特小（赤）26個、そろばん型（赤）6個、丸小（白）37個
クッションC：特小（シルバー）73個、カットビーズ（紫）13個、丸小（白）42個

出来上がりサイズ
- 約6×6cm（フリンジ含まず）

刺しゅうのサイズ
- 6×6cm

作り方
・P.10（おとぎ話のクッション）の作り方を参考にクッションを作る。

1　刺しゅう布の中央にモチーフを刺しゅうする。

2　P.89の作り方に倣って作るが、刺しゅう布の反対側の面は、正方形のプリント生地に替える。このプリント生地は、刺しゅうを囲んでいるバックステッチと同じサイズになるように、同じくバックステッチで正方形に囲う）。

3　図を参照してビーズを縫い付ける。

Coussin Abécédaire rétro
レトロなアルファベットのクッション···Photo P.44-45　Chart P.44

材料
- 刺しゅう布　麻布（ホワイト12目／cm）：14×20.5cm（横×縦）
- DMCの刺しゅう糸：317、318各1束
- 表布　プリント生地：21×20cmを1枚、5.5×20cm（横×縦）を2枚
- バイアステープ（チャコールグレー）：3cm幅のものを40cm
- 化繊綿
- ビーズ　特小ビーズ（白）適宜

出来上がりサイズ
- 約19×18cm

刺しゅうのサイズ
- 8×14.3cm

作り方
1　刺しゅう布の中央にモチーフを刺しゅうする。

2　刺しゅうの両側に2,5cmずつ残して余分な布を切る。

3　刺しゅう布の端にバイアステープを中表に合わせて載せ、端から1cmを縫う。

4　バイアステープで裁ち端をくるみ、20cm×5.5cmの生地（2枚）を両側の裏に当ててバイアステープの上からミシンをかける。

5　4のつなぎ合わせた布を横21×縦20cmに裁断し直す。

6　5とプリント生地を中表にあわせて、返し口を残して縫い合わせる。

7　表に返して化繊綿を詰めて、返し口を縫って閉じる。

8　クッションの上下2辺に、特小ビーズを等間隔に縫い付ける。

La montre pique-aiguilles
腕時計型ピンクッション･･･Photo P.44-45　Chart P.44

材料
- 刺しゅう布　麻布（ホワイト12目／cm）横12×縦14cm
- DMCの刺しゅう糸：211、327、318、317各1束
- 表布　プリント生地：横8×縦12.5cmを2枚
- 面ファスナー：7cm
- 化繊綿
- ビーズ

人造宝石用ガラス（キュービックジルコニアなど）5mm：1個

出来上がりサイズ
- 約3×31.5cm

刺しゅうのサイズ
- 2.8×10cm

作り方

1. 刺しゅう布の中心に刺しゅうをする。刺しゅう部分が中心になるようにして横8cm×縦12.5cmになるように裁断する。

2. プリント布の端を1cm折って刺しゅう布の上下の端に載せて、ミシンで縫い付ける。

3. 中表にあわせて、端から1cmをミシンで縫う。返し口の手前まで普通のミシン目で縫ったら、返し縫いをしてミシン目を粗くして（粗ミシン）返し口を縫う。返し口の終わり部分で返し縫いをし、普通のミシン目に戻して端まで縫う。

4. 縫い代をアイロンでわり、粗ミシンをほどいて返し口を作る。

5. 上下の端から1cmにミシンをかけ、返し口から表に返す。

6. 返し口から化繊綿を詰め、返し口をかがる。上下の端にミシンをかける。

7. （ブレスレット状に手首にはめられるように）面ファスナーを縫い付ける。

8. 刺しゅうの文字盤にボタンとビーズを縫い付ける。

1　寸法図（単位cm）

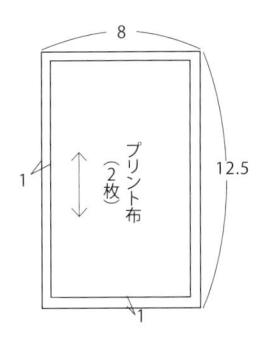

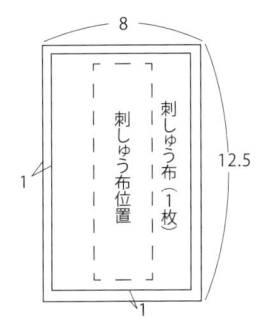

2

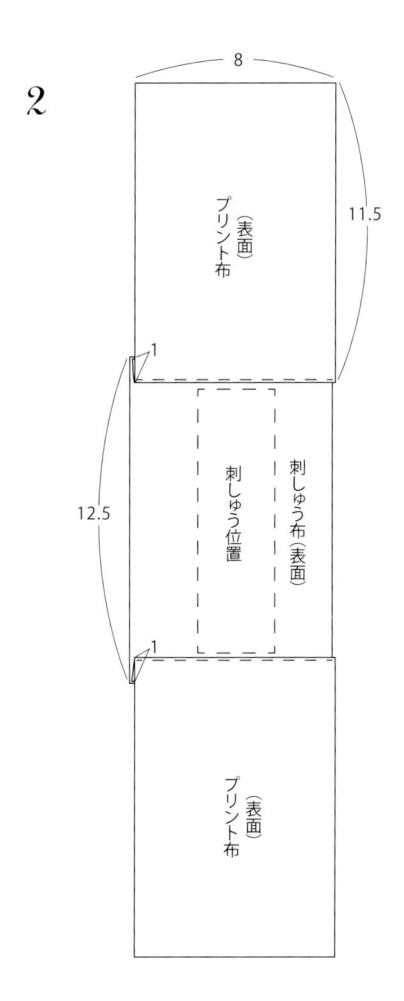

3

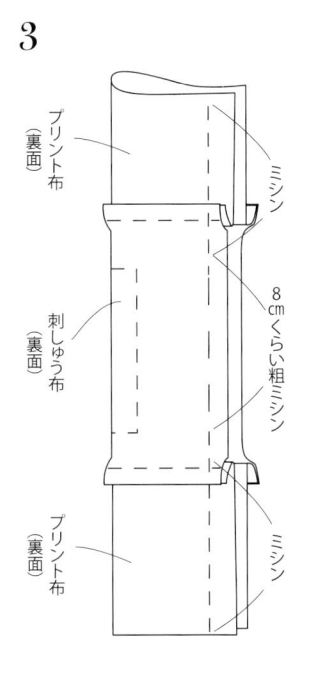

プリント布（裏面）
刺しゅう布（裏面）
プリント布（裏面）
ミシン
8cmくらい粗ミシン
ミシン

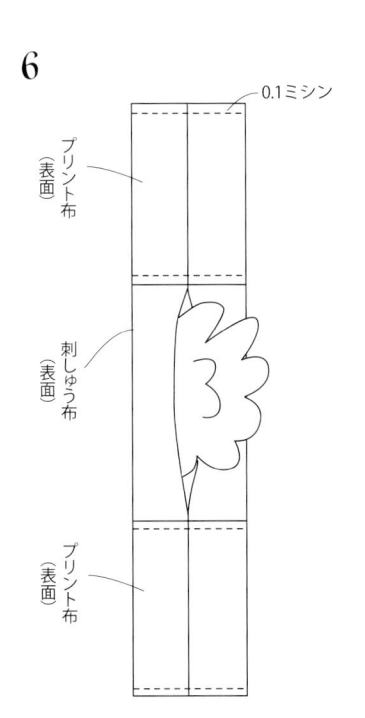

4

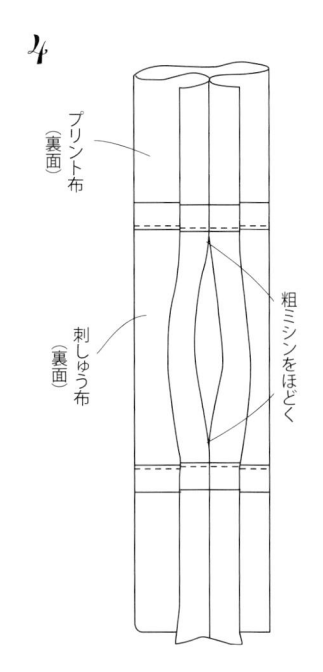

プリント布（裏面）
刺しゅう布（裏面）
粗ミシンをほどく

5

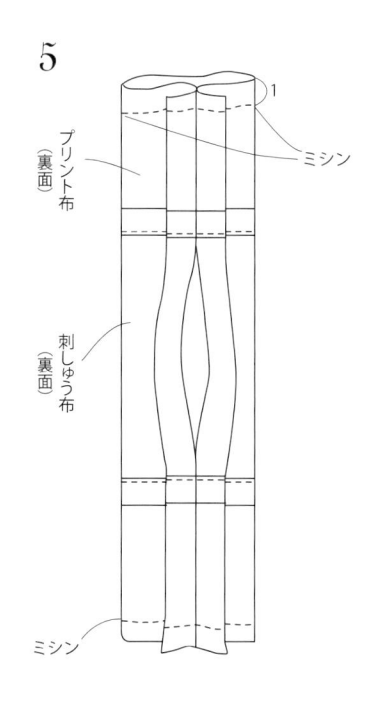

プリント布（裏面）
刺しゅう布（裏面）
1
ミシン
ミシン

6

プリント布（表面）
刺しゅう布（表面）
プリント布（表面）
0.1ミシン

7

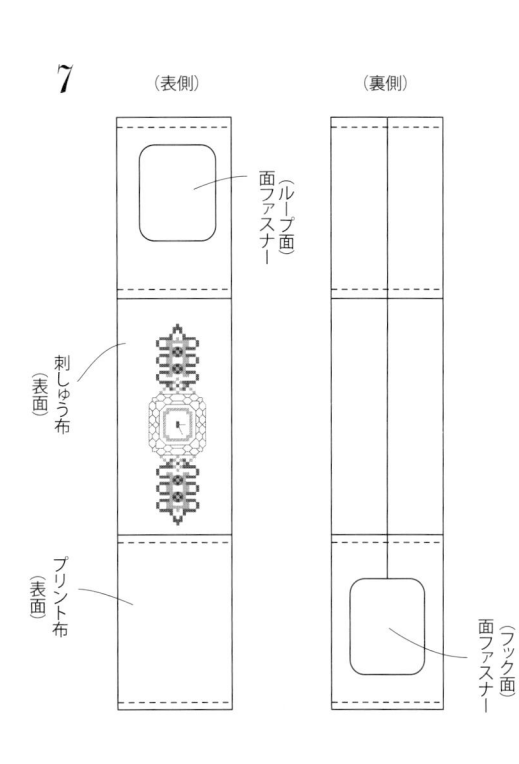

（表側） （裏側）
プリント布（表面）
刺しゅう布（表面）
プリント布（表面）
（ループ面）面ファスナー
（フック面）面ファスナー

99

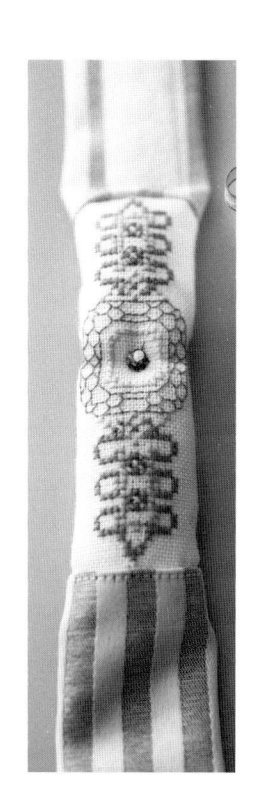

Maison de confection
手づくりのお家…Photo P.46-47　Chart P.48-49

材料
- 刺しゅう布　麻布（ホワイト12目／cm）：35×20cm
  （横×縦）
  - （前正面）10×12cmを2枚
  - （屋根）13×10cm
  - （側面）10×8cmを2枚
  - （下面）9.5×9.5cm
  - （ポケット）7.5×5.5cm
- DMCの刺しゅう糸：211、327、318、317、Blanc（白）各1束
- 接着芯（ハードタイプ）：35×20cm（横×縦）
- 化繊綿

出来上がりサイズ
- 間口（横）7.3×奥行き（縦）7.5×高さ9.5cm

刺しゅうのサイズ
- （正面）7.3×9.5cm、（屋根）10.7×7.5cm、（側面）7.5×5.8cm、（下面）7.5×7.3cm（ポケット）6×4.2cm

作り方
1. 刺しゅう布の中央にそれぞれモチーフを刺しゅうする。
2. 刺しゅうの周りをバックステッチ（2本どり2目刺し）で囲み、バックステッチから1cm残して余分な生地を切り落とす。
3. それぞれの刺しゅうの裏に接着芯をアイロンで貼る。
4. 刺しゅう布の縫い代をアイロンで折る。重なりが厚くなる部分は縫い代の余分を切り落とす。
5. ポケットを正面にかがり縫いで付ける。
6. 前正面と両側面を縫い付ける。
7. 6に後ろ正面を縫い付ける。
8. 下面をはめ込み、周囲をかがる。
9. 屋根の長い辺の中心に待ち針を打つ。これを正面の上に合わせて縫う。
10. 全部閉じる前に化繊綿を詰めてから、縫って閉じる。

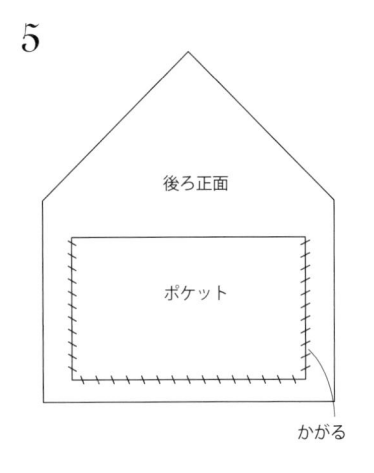

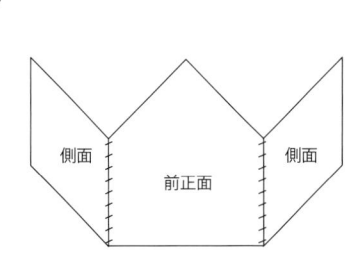

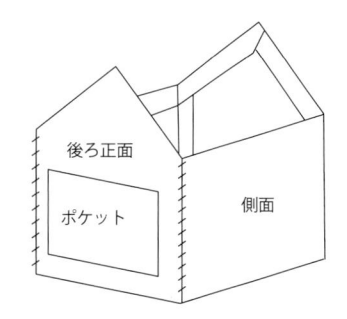

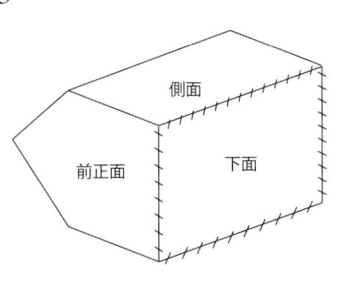

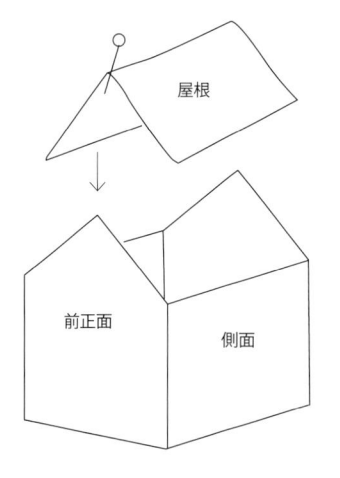

Biscornu «roses»
"バラ"のビスコーニュ…Photo P.53　Chart P.52

材料
- 刺しゅう布　麻布（ペールナチュラル12目／cm）：12×12cmを2枚
- DMCの刺しゅう糸：151、603、602、907、906、Blanc（白）各1束
- 化繊綿
- ビーズ：貝ボタン1.2cm：1個、丸小ビーズ（ピンク）：1個
- コード：16cm

出来上がりサイズ
- 約9×9cm

刺しゅうのサイズ
- 9.2×9.2cm

作り方は基本のビスコーニュを参照

コードにボタンを通し、両端を結ぶ。このコードを一方の面に縫い付け、結び目をボタンの下に隠す。
反対の面には、丸小ビーズを縫いつけ引っぱり、中央がへこむようにする。

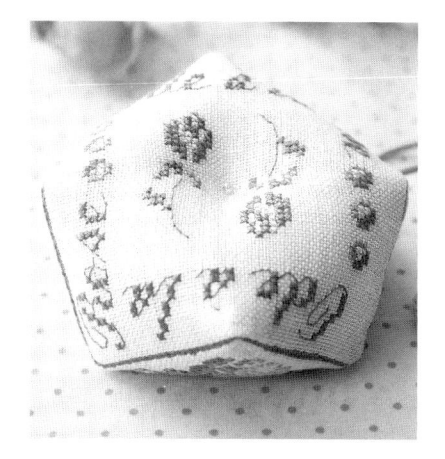

Mini biscornu
ミニ・ビスコーニュ…Photo P.53　Chart P.52

材料
- 刺しゅう布　麻布（ホワイト12目／cm）：8×8cmを2枚
- DMCの刺しゅう糸：151、603、602、907、906各1束
- 化繊綿
- よりひも：20cm
- ビーズ　そろばん型ビーズ5mm（ピンク）：2個

出来上がりサイズ
- 約5.5×5.5cm

刺しゅうのサイズ
- 5.7×5.7cm

作り方は基本のビスコーニュを参照

ビスコーニュを閉じる前に、よりひもを角に縫い付ける。最後にビスコーニュの両面にビーズを縫い付け、中央をへこませる。

101

Le «biscofleur» à 15 faces
15面体の"ビスコフラワー" ···Photo P.54　Chart P.55　P.78のプロセス参照。

材料
- 刺しゅう布　麻布（ホワイト12目／cm）：6×6cmを15枚
- DMCの刺しゅう糸：151、603、602、907、906、Blanc（白）各1束
- ビーズ　花の形のボタン1.2cm：2個
  特小ビーズ（白）：12個
  ボタン（シルバー）5mm：2個

出来上がりサイズ
- 約9×9cm

刺しゅうのサイズ
- 3.7×3.7cm（1枚のサイズ）

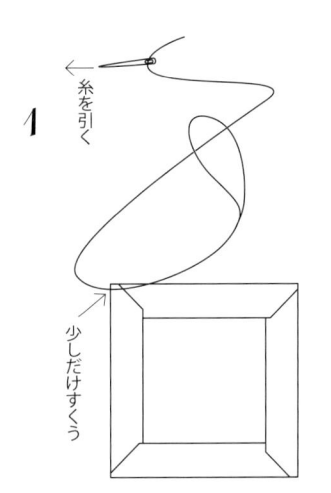

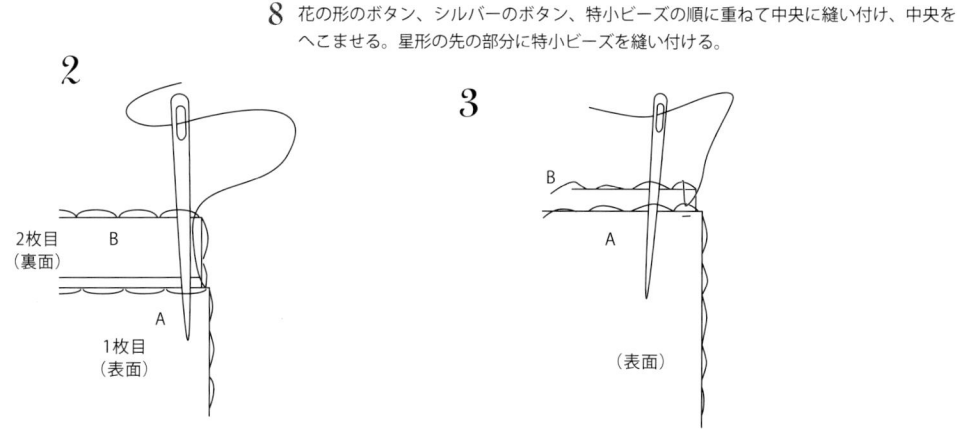

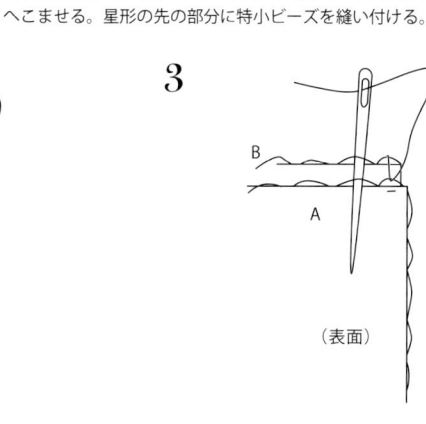

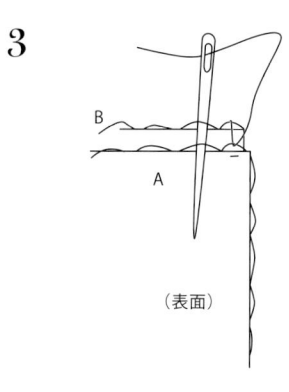

作り方
- 基本のビスコーニュの作り方①～④を参考にモチーフを15枚準備する。

1. 刺しゅう糸を二つ折りにして針を通し、1枚目【A】の縫い代の角を少しすくって、糸の輪に通す。糸を引いて締める。
2. 2枚目の【B】の裏を【A】の裏に当て、最初のバックステッチの目に針を通してから、最初の目をすくう。
3. 【A】と【B】のバックステッチの2針目を一緒にすくう。続けて巻きかがる。
4. 端までかがる。最後の針目は2度通して、糸を切らずに残しておく。
5. 5枚を同様に巻きかがって星形にする。これを2セット作る。
6. 上側の星形の裏に、残りの5枚を1枚ずつ巻きかがりする。
7. 6にもう1枚の星形を巻きかがりで縫い付ける。最後の1辺をあき口として、化繊綿を詰めて閉じる。
8. 花の形のボタン、シルバーのボタン、特小ビーズの順に重ねて中央に縫い付け、中央をへこませる。星形の先の部分に特小ビーズを縫い付ける。

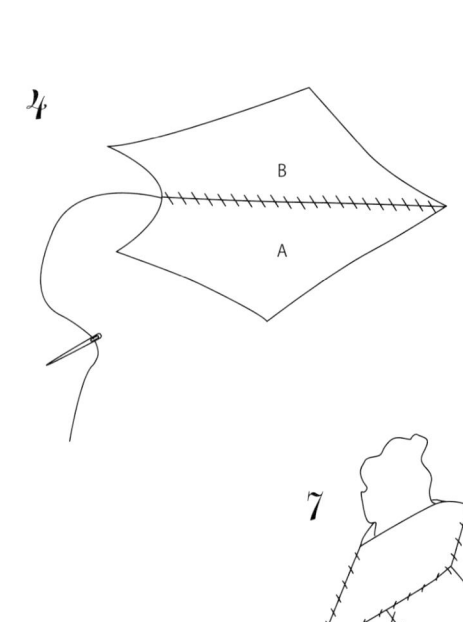

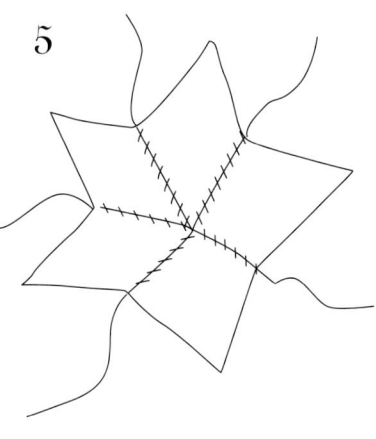

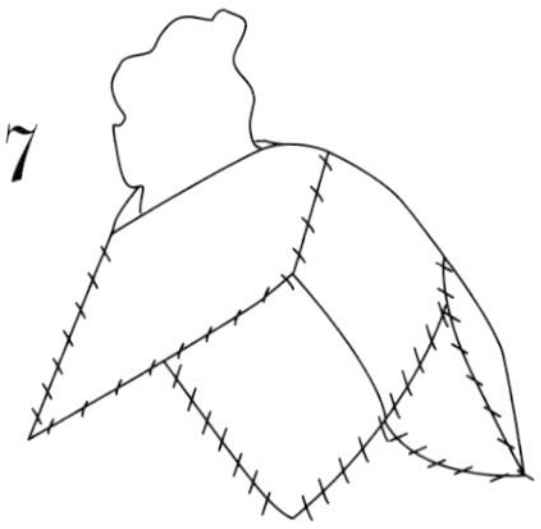

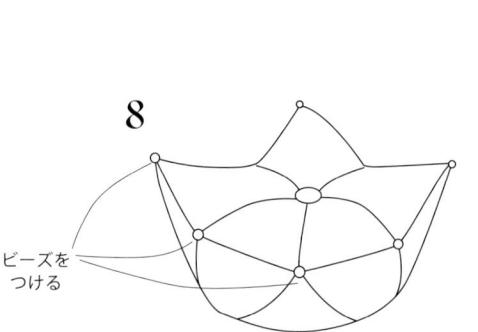

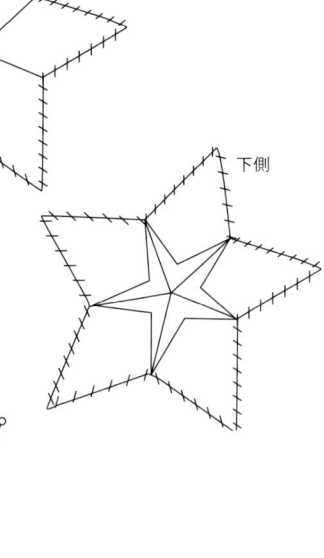

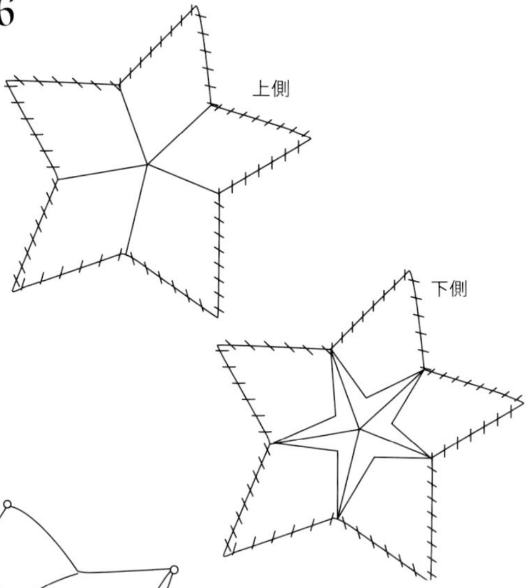

Coussin aux deux colombes
2羽の鳩のクッション・・・Photo P.56-57　Chart P.56

材料
- ●刺しゅう布　麻布（ペールナチュラル12目／cm）：16×14.5cm（横×縦）
- ●DMCの刺しゅう糸：444、602、907、906、317、Blanc（白）各1束
- ●表布　プリント生地：16×14.5cm（横×縦）
- ●チャーム　ガラス製のハート型（緑）：1個
- ●ビーズ　特小ビーズ（白）：3個

出来上がりサイズ
- ●約13.5×12cm

刺しゅうのサイズ
- ●13.5×12cm

作り方
1. 刺しゅう布の中央にモチーフを刺しゅうする。
2. P.89のクッションの作り方に従って作る（ただし、刺しゅう布の一方を、長方形のプリント生地に替える。このプリント生地には、刺しゅうの周囲のバックステッチと同じサイズになるように、バックステッチで長方形に囲う。
3. 表にはハートのチャームと特小ビーズ2個を縫いつけ、裏には特小ビーズを1個付け、クッションの中央をへこませる。

Le pique-aiguilles fleur
お花のピンクッション･･･Photo P.58　Chart P.58

材料
- 刺しゅう布　麻布（ナチュラル　16目／cm）：7×7cm
- DMCの刺しゅう糸：151、603、602、907、906、Blanc（白）各1束
- 表布　緑の無地（花びら用）：20×20cm　底面用布　プリント生地：15×15cm
- 綿レース：18cm
- 直径5cmのふた（ジュースやカップ焼酎のプラスチックのふたなど）：1個
- 化繊綿
- ビーズ　特小ビーズ（ピンク）：18個
  特小ビーズ（白）：9個

出来上がりサイズ
- 直径約5cm　高さ約3cm（花びら含まず）

刺しゅうのサイズ
- 直径4.4cm

作り方

1. 花びらを半分に折り、さらに半分に折る。粗くしつけをかける。同様に花びらを9枚並べて、続けてしつけをかける。
2. 刺しゅう布の周りを縫う。同様に底面の布も周りを縫う。
3. 直径6cmの円形の厚紙を刺しゅう布の裏に当てて引き絞る。縫い代にアイロンをかけて厚紙をはずす。
4. 底面の布でふたを覆って糸を引き絞る。
5. 花びらを円形に並べ、刺しゅう布をのせて周囲をまつる。ビーズを縫い付ける。
6. 土台に6をのせ、中に化繊綿を詰めながら縫い合わせる。
7. 綿レースの裁ち端を裏に折って土台の周りに貼る。

寸法図（単位はcm）

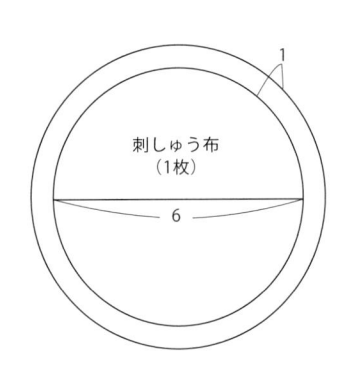

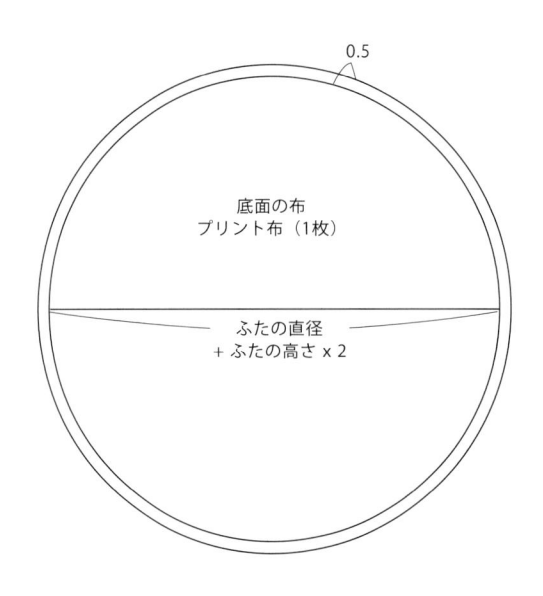

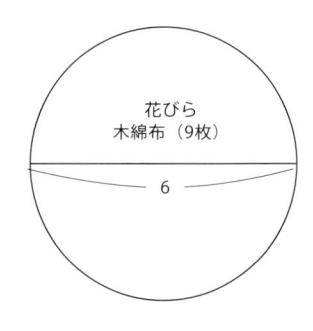

刺しゅう布（1枚）　6　1

底面の布　プリント布（1枚）　0.5
ふたの直径 ＋ ふたの高さ×2

花びら　木綿布（9枚）　6

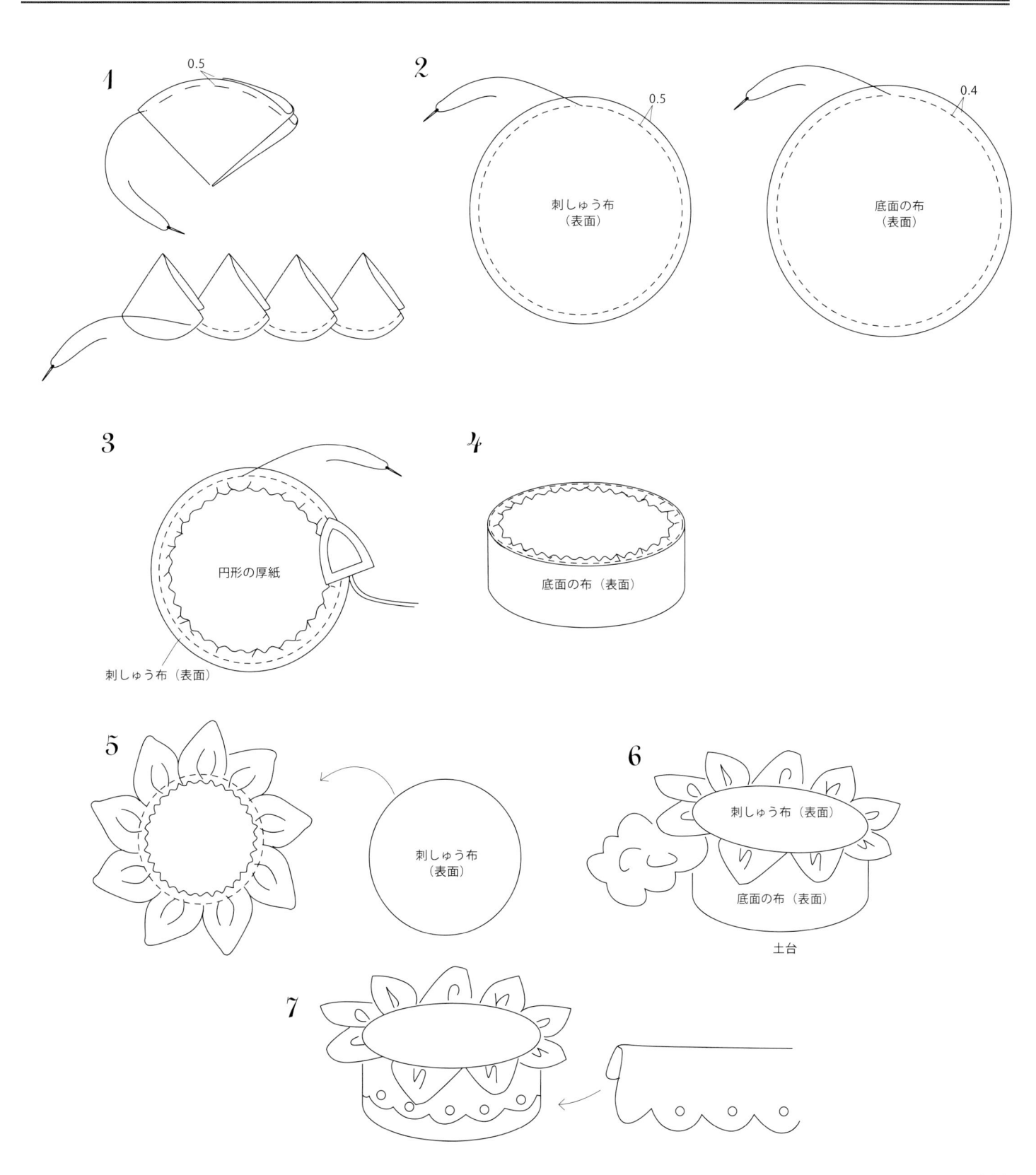

1

2

3

刺しゅう布（表面）

底面の布（表面）

円形の厚紙

刺しゅう布（表面）

4

底面の布（表面）

5

刺しゅう布（表面）

6

刺しゅう布（表面）

底面の布（表面）

土台

7

Le matelas carré
四角いマット…Photo P.59　Chart P.59

材料
- 刺しゅう布　麻布（ペールナチュラル12目／cm）：11×11cmを2枚、11×4cmを4枚
- DMCの刺しゅう糸：444、151、603、602、907、906、317、318、Blanc（白）各1束
- 化繊綿
- ビーズ　花の形のビーズ：2個　丸小ビーズ：2個

作り方は赤いパッションのキューブ(P.90)参照
マットの中央に花型のビーズまたはモチーフビーズ1個の上に丸小パールビーズ1個を縫い付け、中央をへこませる。

出来上がりサイズ
- 9×9×1.7cm

刺しゅうのサイズ
- 9×9×1.7cm

Biscornu gourmand
食いしん坊のビスコーニュ…Photo P.62-63　Chart P.64-65

材料
- 刺しゅう布　麻布（ナチュラル　14目／cm）
- DMCの刺しゅう糸：151、603、772、907、602、906、Blanc（白）各1束
- 化繊綿
- ビーズ　特小ビーズ（ピンク）：8個
　　　　ラウンド型ビーズ8mm（ピンク）：1個
　　　　そろばん型ビーズ3mm（緑）：1個
　　　　特小ビーズ（白）：1個

作り方は基本のビスコーニュを参照
特小ビーズを8つの角に縫い付ける。表の面にはラウンド型ビーズの上に、そろばん型ビーズ、特小ビーズが重なるように、裏の面には特小ビーズを1個、中央に縫い付けてへこませる。

出来上がりサイズ
- 約12.5×12.5cm

刺しゅうのサイズ
- 12.7×12.7cm

Duo de berlingots
三角のベルランゴキャンディー・・・Photo P.63 & 66　Chart P.67

材料　ベルランゴ1個分
- 刺しゅう布　麻布（ナチュラル10目／cm）：12×8cm
- DMCの刺しゅう糸：ピンクのベルランゴ602、603、Blanc（白）各1束、
  グリーンのベルランゴ 907、906、Blanc（白）各1束
- 化繊綿
- ビーズ　ラウンド型ビーズ8mm（ピンク）：2個
  ピンクのベルランゴ：特小ビーズ　（白）（ピンク）適宜
  グリーンのベルランゴ：特小ビーズ　（白）（薄黄緑）適宜

出来上がりサイズ
- 約4.9×5.6cm

刺しゅうのサイズ
- 9.8×5.6cm

作り方
- 基本のビスコーニュ①～④を参考にモチーフを準備する。
1. 長い辺を、外表に半分に折る。
2. 両脇を巻きかがる。
3. 口の部分を開き、縫い目同士を合わせるように折る。
4. 写真を参考に、端からかがりながら化繊綿を詰めて、口を閉じる。

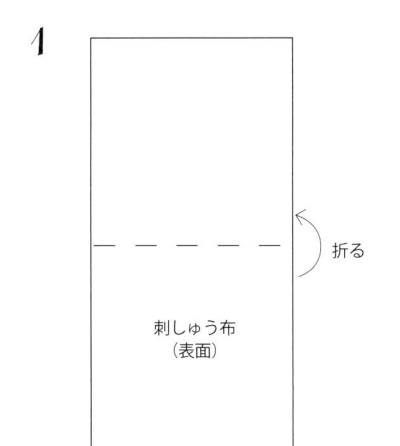

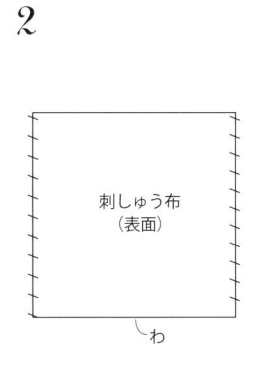

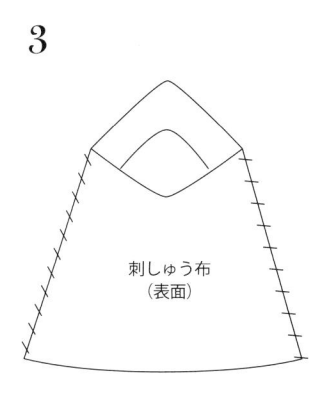

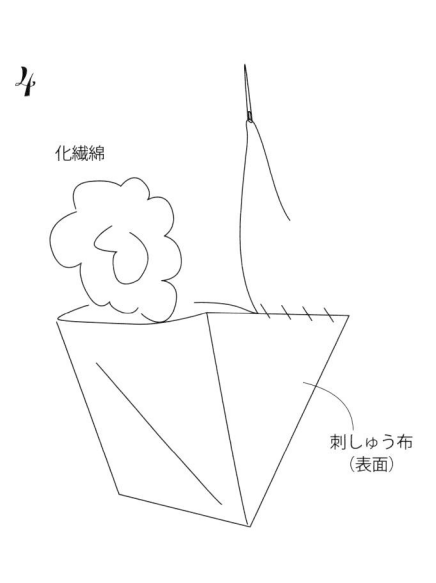

Adorables cupcakes

かわいいカップケーキ…Photo P.68-71　Chart P.69 & 72

材料　1個分
- 刺しゅう布　麻布（ナチュラル16目／cm）：7×7cm
- DMCの刺しゅう糸：【ピンク】151、603、602、Blanc(白)各1束
　　　　　　　　　　【グリーン】772、907、906、Blanc(白)各1束
　　　　　　　　　　【赤】498、817、Blanc(白)各1束
- 表布　プリント生地：直径16cmの円形
- 直径5cmのふた：1個
- プラスチックのコップ：1個（ふたの中に収まるサイズ）
- レース　縁巻きバラレース：20cm
　　　　　綿レース：20cm
- 山道テープ：20cm
- 化繊綿
- ビーズ【ピンク】：丸大ビーズ（ピンク）1個、特小ビーズ（白）適宜
　　　　【グリーン】：丸大ビーズ（グリーン）1個、特小ビーズ（黄緑）（白）適宜
　　　　【赤】：丸大ビーズ（赤）1個、特小ビーズ（白）適宜

出来上がりサイズ
- 直径約5cm高さ5cm（巻きバラ含まず）

刺しゅうのサイズ
- 【ピンク】直径4.5cm　【グリーン】直径4.3cm　【赤】直径4.5cm

作り方
1. 刺しゅう布に刺しゅうをする。
2. 刺しゅう布にビーズを付ける。
3. P.104-105のお花のピンクッションの③と④を参考に刺しゅう布を直径6cmの円形にする。
4. プラスチックのコップを高さ4cmに切る。安定させるためにふたをはめ込む。
5. P.104のお花のピンクッションの作り方、③と⑤を参考に表布でコップを覆う。
6. 刺しゅう布の周囲に巻きバラのブレードを縫い付ける。
7. 表布で覆ったカップの上に、円形の刺しゅう布をのせ、途中、化繊綿を詰めながら周囲をかがり合わせて閉じる。
8. 綿レースを周囲に貼る。山道テープにビーズを縫い付け、綿レースの上に貼る。

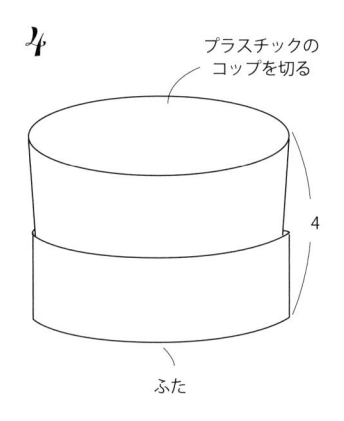

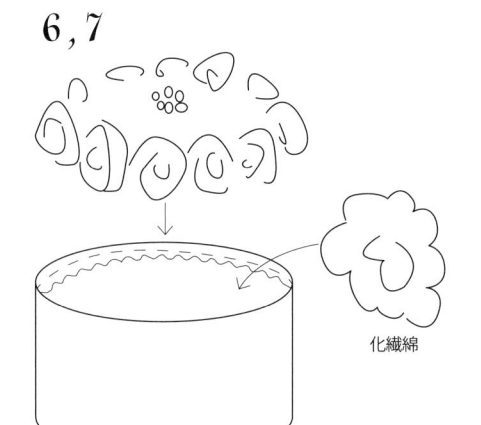

4　プラスチックのコップを切る／ふた／4

6, 7　化繊綿

8

La part de gâteau
ケーキのピンクッション…Photo P.70　Chart P.72-73

材料　1個分
- 刺しゅう布　麻布（ナチュラル10目／cm）：32×17cm（横×縦）
  - ・11×6cm（側面・小）　・21×6cm（側面・大）
  - ・11×11cmを2枚（上面と下面）
- DMCの刺しゅう糸：3706、817、498、780、Blanc（白）各1束
- 接着芯
- 化繊綿
- ビーズ　カットビーズ（赤）：9個
  - 特小ビーズ（白）：45個

出来上がりサイズ
- 約8×8×3.6cm

刺しゅうのサイズ
- （外側）8×3.6cm（断面）18×3.6cm（上面と下面）8×8cm

作り方
・手作りのお家（P.48）の作り方①〜④を参考にモチーフを準備する。

1. ［側面・大］を半分に折る。［側面・大］と［側面・小］の両脇をそれぞれ巻きかがる。
2. 三角の筒状になった側面に上面を当てて巻きかがる。
3. 下面を当ててかがりながら、化繊綿を詰めて口を閉じる。ビーズを縫い付ける。

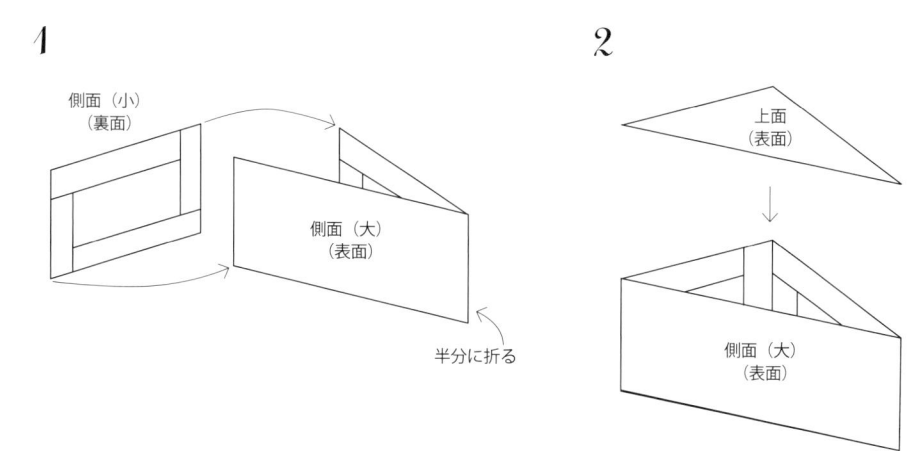

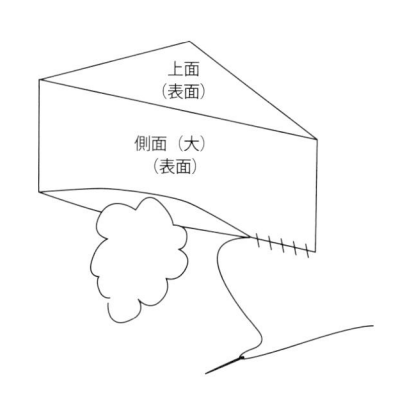

1
側面（小）（裏面）
側面（大）（表面）
半分に折る

2
上面（表面）
側面（大）（表面）

3
上面（表面）
側面（大）（表面）

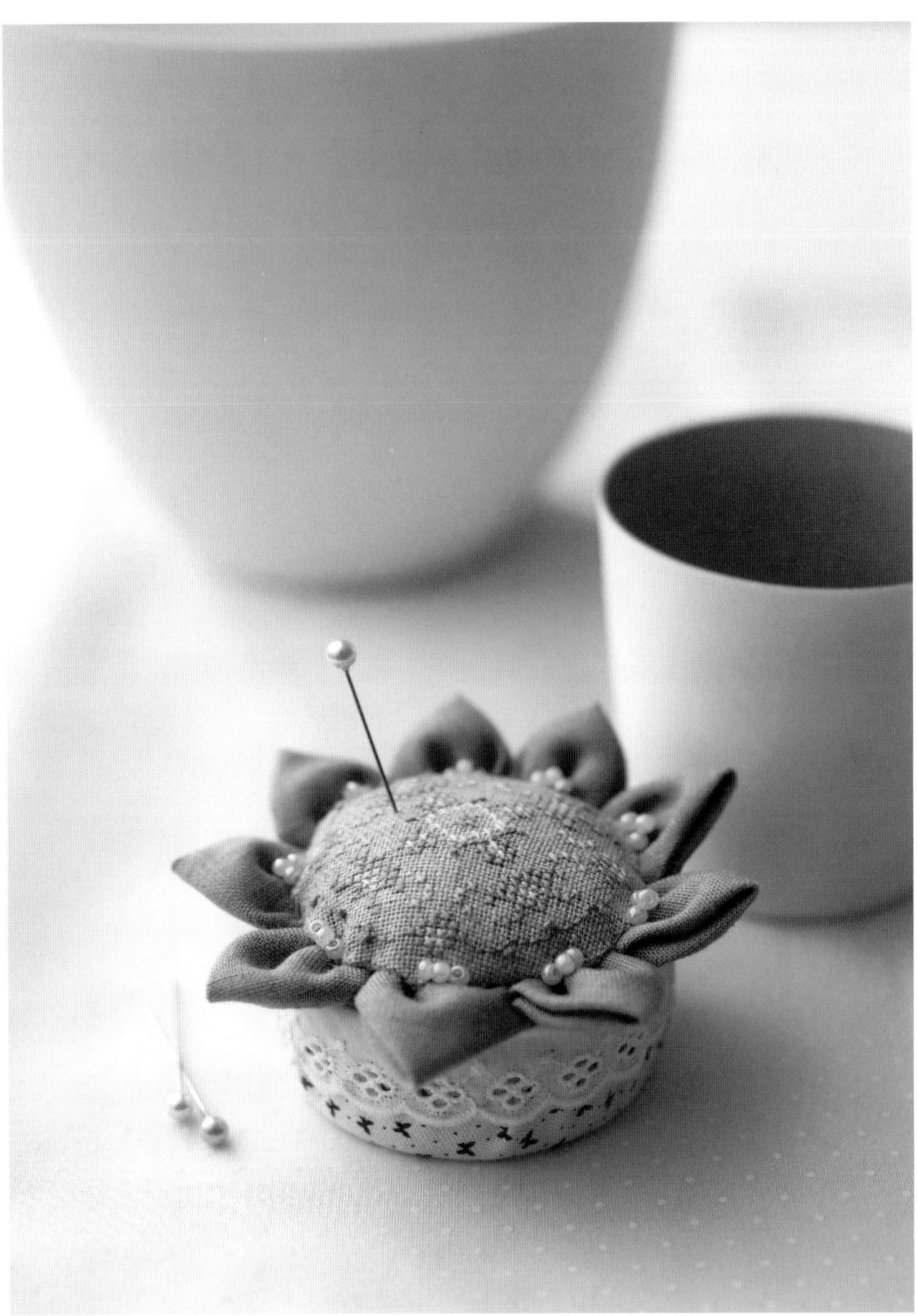

以下の方々に感謝します…
愛するミカエル
私の子供達、レオノールとアルバ
私の大切な家族
ジュリー・コットとマリリーズ・トリオロー、親身になって相談に乗ってくれ、
また貴重なアドバイスをありがとう。
クロエ・イーヴ、ファブリス・ベッス、ソニア・ロイを始め、
この企画に携わってくれたすべてのスタッフ。
そして、私"オーレル"のアドベンチャーを支え、見守ってくださったすべての方々。
みなさんのおかげで、夢が実現しました。
私のブログに遊びに来てください : http://aurelle.over-blog.com
クロスステッチを始めとする手芸への情熱を、
みなさんとシェアできればと思っています。

オーレル

La passion des biscornus
Aurelle

Direction éditoriale : Guillaume Pô
Édition : Julie Cot et Marylise Trioreau
Direction artistique : Chloé Eve
Photographies : Fabrice Besse
Stylisme : Sonia Roy
Illustrations : Iwona Séris
Mise en pages : Vincent Fraboulet
Fabrication : Sabine Marioni
© Éditions Mango Pratique
Photogravure : IGS Charente-Photogravure

First published in 2013 by Éditions Mango pratique
15-27 rue Moussorgski
75895 Paris, cedex 18, France

This Japanese edition was published in Japan in 2015 by Graphic-sha Publishing Co., Ltd.
1-14-17 Kudankita, Chiyoda-ku, Tokyo 102-0073, Japan
Tel: +81 (0)3-3263-4318

Japanese text and instruction pp. 76-109
© 2015 Graphic-sha Publishing Co., Ltd.

Process and image photos pp. 76-81, 86
© 2015 Graphic-sha Publishing Co., Ltd./ studio seek

All rights reserved. No part of this publication may be reproduced, stored in a retrieval system, or transmitted in any form or by any means, electronic, mechanical, photocopying, or otherwise, without the prior permission of the publisher.

ISBN 978-4-7661-2732-7 C2077
Printed and bound in Japan

Japanese edition
Translation: Rica Shibata
Supervisor: Yumiko Yasuda
Process photos and photo on p. 86: Nobuei Araki
　　　　　　　　　　　　　　(studio seek)
Layout: Shinichi Ishioka
Jacket design: Chiaki Kitaya (CRK design)
Editor: Kumiko Sakamoto

La styliste tient à remercier :
ie - http://ieboutique.com
Bonton - www.bonton.fr
Merci - www.merci-merci.com
Astier de Villatte - www.astierdevillatte.com
The conran shop - www.conranshop.fr
Hema - www.hema.fr

パリのビスコーニュのクロスステッチ
―― 35種類のかわいいピンクッションデザイン ――

2015年 8月25日	初版第1刷発行
2016年 4月25日	初版第2刷発行
2021年 7月25日	初版第3刷発行

著者	オーレル（Aurelle）
発行者	長瀬 聡
発行所	株式会社グラフィック社
	〒102-0073 東京都千代田区九段北1-14-17
	Phone: 03-3263-4318　Fax: 03-3263-5297
	http://www.graphicsha.co.jp
	振替00130-6-114345
印刷製本	図書印刷株式会社

乱丁・落丁本はお取り替えいたします。
本書掲載の図版・文章の無断掲載・借用・複写を禁じます。
本書のコピー、スキャン、デジタル化等の無断複製は著作権法上の例外を除き禁じられています。本書を代行業者等の第三者に依頼してスキャンやデジタル化することは、たとえ個人や家庭内での利用であっても著作権法上認められておりません。

図案の著作権は、著者に帰属します。図案の商業利用はお控えください。あくまでも個人でお楽しみになる範囲で節度あるご利用をお願いします。

ISBN978-4-7661-2632-7 C2077

Japanese text © 2015 Graphic-sha Publishing Co., Ltd.
Process photos & P.86 © 2015 Graphic-sha Publishing Co., Ltd./studio seek

Printed and bound in Japan

和文版制作スタッフ

翻訳	柴田里芽
作り方ページ制作・監修	安田由美子
組版・トレース	石岡真一
カバーデザイン	北谷千顕（CRK design）
プロセス & P.86撮影	荒木宣景（studio seek）
編集・制作進行	坂本久美子

本書に掲載されている作品写真は、フランス語版原著に基づいています。一部、チャートと違っている場合もございます。作品写真はイメージとしてお楽しみください。

材料提供

ディー・エム・シー株式会社
〒101-0035 東京都千代田区神田紺屋町13番地　山東ビル7F
TEL：03-5296-7831　FAX：03-5296-7883